Christoph U. Schminck-Gustavus

Der ›Prozeß‹ gegen
Dietrich Bonhoeffer
und die Freilassung
seiner Mörder

W0070757

Verlag J.H.W. Dietz Nachfolger

ISBN 3-8012-3067-8
Copyright © 1995 by Verlag J. H. W. Dietz Nachfolger GmbH, Bonn
In der Raste 2, D-53129 Bonn
Lektorat: Martin Rethmeier
Umschlag: Manfred Waller, Reinbek
(Foto: Dietrich Bonhoeffer im Hof des
Wehrmachtsgefängnisses Berlin-Tegel, Sommer 1944)
Gesamtherstellung: Ebner Ulm
Alle Rechte vorbehalten
Printed in Germany 1995

Für Reinhard
20. Dezember 1994

„Es bleibt ein Erlebnis von unvergleichlichem Wert,
daß wir die großen Ereignisse der Weltgeschichte
einmal von unten, aus der Perspektive
der Ausgeschalteten, Beargwöhnten, Schlechtbehandelten,
Machtlosen, Unterdrückten und Verhöhnten,
kurz der Leidenden sehen gelernt haben.“

Dietrich Bonhoeffer 1944

Dank

Mit Dietrich Bonhoeffer hatte ich mich bis vor kurzem noch nie beschäftigt. Über die Männer des Widerstands ist viel geschrieben worden. Die Literatur über den 20. Juli füllt ganze Bibliotheken – was sollte ich da noch schreiben? Und außerdem: Gibt es nicht auch einen Widerstand der Namenlosen, über den so lange kaum jemand forschte und schrieb? Das Alltags-Heldentum dieser Menschen ist längst vergessen, denn sie haben nicht unser Leben geteilt, und sie haben auch nicht unsere Sprache gesprochen – sie mußten „drunten sterben" und haben keine Spuren hinterlassen: Zwangsarbeiter, Kriegsgefangene, Namen- und Heimatlose, Ausländer. War es nicht wichtiger, sich mit ihnen zu befassen, anstatt noch ein weiteres Mal die großen Namen zu rekapitulieren?

Dann erhielt ich eine Einladung nach Bologna. Das dortige Resistenza-Institut plante gemeinsam mit dem Institut für Religionswissenschaften eine Tagung zum Thema: „Il tesoro sepolto. Le lettere dal carcere di Bonhoeffer" – „Der vergrabene Schatz. Die Gefängnisbriefe von Dietrich Bonhoeffer." Die Idee zu dieser Veranstaltung stammte von Francesco Berti Arnoaldi, dem Leiter des Resistenza-Instituts. Er war in Italien seit Jahren für die dort oft vergessene Tatsache eingetreten, daß es auch in Deutschland eine „Resistenza" gegeben hatte. Auch ich sollte nun ein Referat übernehmen und neugierig geworden – schon wegen der ungewöhnlichen Kombination der Veranstalter –, begann ich mich einzuarbeiten. Freunde und Kollegen – Joachim Perels, Ingo Müller und Helmut Kramer – halfen mir beim Einstieg in die Quellen.

Die ferne Stimme aus der Gefängniszelle in Tegel ließ mich dann lange nicht los, und das Erstarren vor dem Juristendeutsch aus den Gerichtssälen der Nachkriegszeit hat schließlich diese Dokumentation veranlaßt. Wie hieß es noch im Wutgeschrei der Bauernkriege? „Juristen – böse Christen."

Dennoch habe ich lange gezögert, meine Arbeit zu veröffentlichen. War meine Quellenbasis – die in der Rüters-Sammlung veröffentlichten Nachkriegsurteile deutscher Gerichte – nicht zu schmal? Hätte ich nicht zumindest auch die Gerichtsakten in den Archiven durchsehen müssen? Oder wenigstens ihre Auszüge und die Dokumente, die in der Bonhoeffer-Forschungsstelle in Heidelberg aufbewahrt werden? Aber Archivrecherchen sind aufwendig und zeitraubend. Und ohne Hilfe der Archivare sind sie auch aussichtslos. Mit Anfragen bei der Münchner Staatsanwaltschaft, bei der die wichtigsten Prozeßakten archiviert sein müßten, hatte ich vor Jahren schon schlechte Erfahrungen gemacht: Meine wiederholten Briefe wurden dort einfach nicht beantwortet. Aber kann es denn ausreichen, einfach die Tatbestandsfeststellungen aus den Urteilsgründen zu übernehmen? Ist es zulässig, die Urteile einerseits als Quelle zu nutzen und sie gleichzeitig als Entgleisungen juristischen Denkens zu brandmarken?

Hätte man also nicht wenigstens versuchen müssen, die Protokolle der Zeugenvernehmungen und die Einlassungen der Beschuldigten selber nachzulesen? Und wie soll man sich auf Urteile verlassen, die doch mit dazu beigetragen haben, das Bild des Widerstandes zu verdunkeln: semper aliquid haeret – „es bleibt immer etwas hängen". Gerade die Urteile der Nachkriegsgerichte waren es, die den bis heute noch nachwirkenden Zweifel am deutschen Widerstand genährt haben: Waren diese Männer nicht doch „Hochverräter"? Oder vielleicht „Landesverräter"? Die juristischen Untaten der NS-Juristen aus der Zeit vor 1945 haben in den moralischen Untaten der Nachkriegsrichter ihre Fortsetzung gefunden. Und auf solche Quellen sollte jetzt Verlaß sein?

Hätte man nicht außerdem auch klären müssen, ob vielleicht noch Zeugen leben, um sie dann nochmals zu befragen? Welche Art von Aussagen aber sind von Zeugen zu erwarten, die sich schon während der Prozesse oft nur widerwillig geäußert haben? Und wären sie überhaupt bereit, sich noch einmal ausfragen zu lassen? Ehe die Zweifel immer größer wurden, habe ich mich entschlossen, meine Nachforschungen abzuschließen. Nicht nur weil ich eigentlich mit einer ganz anderen – noch nicht abgeschlossenen – Arbeit beschäftigt bin: der Geschichte von Krieg, Besatzung und Widerstand in Griechenland, sondern auch weil mir mein Töchterchen, die kleine Laura, jetzt dreizehn Monate alt, deutlich zu verstehen gab, daß sie am Schreibtisch mit mir nicht spielen kann und daß auch Unvollkommenes nicht sinnlos ist.

Der Versuchung, wenigstens den Freund und Gefährten von Dietrich Bonhoeffer, Herrn Professor Eberhard Bethge, einen der letzten Überlebenden dieses Widerstandskreises, zu befragen, habe ich nicht widerstehen können. Ich danke ihm sehr für seinen geduldigen Rat und seine Hinweise.

Ich widme dieses kleine Buch meinem Freund Reinhard Stock in Berlin, der manche Gedanken von Dietrich Bonhoeffer nicht nur früher gekannt, sondern sie wohl auch schneller begriffen hat als ich.

C. U. Schminck-Gustavus   Bremen, im Dezember 1994

WER BIN ICH?

Wer bin ich? Sie sagen mir oft,
ich träte aus meiner Zelle
gelassen und heiter und fest
wie ein Gutsherr aus seinem Schloß.

Wer bin ich? Sie sagen mir oft,
ich spräche mit meinen Bewachern
frei und freundlich und klar,
als hätte ich zu gebieten.

Wer bin ich? Sie sagen mir auch,
ich trüge die Tage des Unglücks
gleichmütig, lächelnd und stolz,
wie einer, der Siegen gewohnt ist.

Bin ich das wirklich, was andere von mir sagen?
Oder bin ich nur das, was ich selber von mir weiß?
Unruhig, sehnsüchtig, krank, wie ein Vogel im Käfig,
ringend nach Lebensatem, als würgte mir einer die Kehle,
hungernd nach Farben, nach Blumen, nach Vogelstimmen,
dürstend nach guten Worten, nach menschlicher Nähe,
zitternd vor Zorn über Willkür und kleinliche Kränkung,
umgetrieben vom Warten auf große Dinge,
ohnmächtig bangend um Freunde in endloser Ferne,
müde und leer zum Beten, zum Denken, zum Schaffen,
matt und bereit, von allem Abschied zu nehmen?

Wer bin ich? Der oder jener?

Bin ich denn heute dieser und morgen ein andrer?
Bin ich beides zugleich? Vor Menschen ein Heuchler
und vor mir selbst ein verächtlich wehleidiger Schwächling?
Oder gleicht, was in mir noch ist, dem geschlagenen Heer,
das in Unordnung weicht vor schon gewonnenem Sieg?

Wer bin ich? Einsames Fragen treibt mit mir Spott.
Wer ich auch bin, Du kennst mich, Dein bin ich, o Gott!

Dietrich Bonhoeffer im Hof des Wehrmachtsuntersuchungsgefängnisses von Berlin-Tegel, Sommer 1944

Das Gefängnis in Berlin Tegel. Dietrich Bonhoeffers Zelle ist mit einem Kreuz markiert. Das Angebot, wegen der Hitze im Frühsommer 1943 eine kühlere Zelle im zweiten Stock zu beziehen, lehnte er ab, weil dann ein anderer Häftling in seine bisherige Zelle hätte wechseln sollen.

„Man darf diese Dinge nicht dramatisieren. Ob ich mehr ›leide‹ als Du oder die meisten Menschen überhaupt, ist mir mehr als fraglich. Natürlich ist vieles scheußlich, aber wo ist es das nicht? Vielleicht haben wir an diesem Punkt überhaupt manches zu wichtig und feierlich genommen. . . . Nein, Leiden muß etwas ganz anderes sein, eine ganz andere Dimension haben, als was ich bisher erlebt habe."
(Dietrich Bonhoeffer in einem Kassiber vom 9. 3. 1944 an Eberhard Bethge)

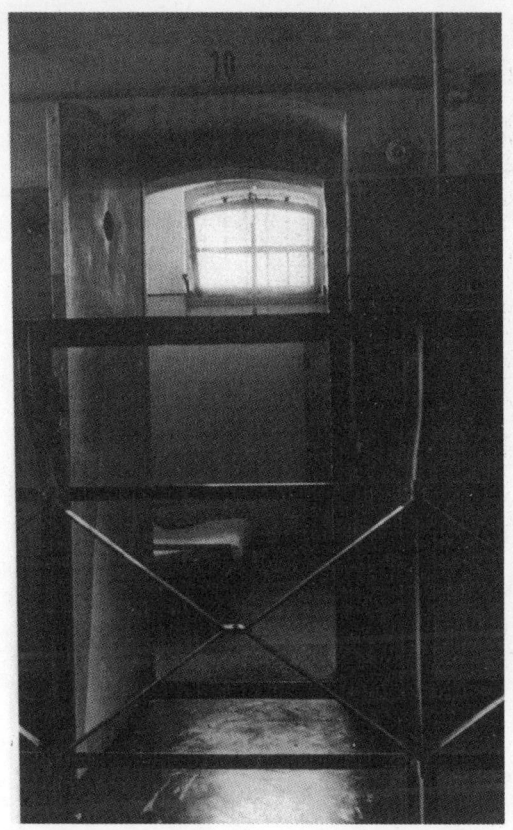

Die Zelle von Dietrich Bonhoeffer im Wehrmachts-Untersuchungsge-
fängnis Berlin-Tegel

*„Schließlich würde ich anfangen Dir zu erzählen, z. B. daß es trotz
allem, was ich so geschrieben habe, hier scheußlich ist, daß mich die
grauenhaften Eindrücke oft bis in die Nacht verfolgen und daß ich sie
nur durch Aufsagen unzähliger Liedverse verwinden kann und daß
dann das Aufwachen manchmal mit einem Seufzer statt mit einem Lob
Gottes beginnt.“*
*(Dietrich Bonhoeffer in einem Kassiber vom 15. Dezember 1943 an
Eberhard Bethge)*

Treppenhaus in der Berliner Gestapo-Zentrale in der Prinz-Albrecht-Straße. Über diese Treppen wurde auch Dietrich Bonhoeffer zur Vernehmung geführt.

Gartenfront des zerstörten Gestapo-Hauptquartiers in der Prinz-Albrecht-Straße (Aufnahmedatum 1948)

„Während sonst am Montagmorgen das Geschrei und Geschimpfe auf den Gängen [im Gefängnis] am wüstesten war, sind offenbar nach den Erlebnissen der vorigen Woche selbst die größten Schreier und Angeber recht kleinlaut geworden, eine sehr spürbare Veränderung. Ich muß Dir persönlich übrigens noch folgendes sagen: Die schweren Luftangriffe, besonders der letzte, bei dem ich, als durch die Luftmine im Revier die Fenster herausstürzten und Flaschen und Medikamente aus Schränken und Regalen fielen, völlig im Dunkeln auf dem Fußboden lag und nicht viel Hoffnung auf einen guten Ausgang hatte, führen mich ganz elementar zum Gebet und zur Bibel zurück. Darüber später einmal mündlich mehr."
(Dietrich Bonhoeffer an Eberhard Bethge am 29. 11. 1943)

Hans von Dohnanyi, Schwager von Dietrich Bonhoeffer; er wurde im Reichssicherheitshauptamt als „geistiges Haupt" der Verschwörung des 20. Juli 1944 betrachtet. (Vorkriegsaufnahme)

„Die Vernehmungen gehen fort, und es ist klar, womit ich zu rechnen habe, wenn nicht ein Wunder passiert. Das Elend um mich herum ist so groß, daß ich das bißchen Leben wegwerfen würde, wenn Ihr nicht wärt."
(Hans von Dohnanyi in einem Kassiber aus dem Kellergefängnis der Prinz-Albrecht-Straße an seine Frau Christine)

Christine von Dohnanyi, eine ältere Schwester von Dietrich Bonhoeffer (Vorkriegsaufnahme)

„Die Zeugin hat ihren Ehemann Reichsgerichtsrat von Dohnanyi durch ein Entgegenkommen des behandelnden Arztes im Polizeikrankenhaus in Berlin am Donnerstag, den 5. April 1945, zum letzten Mal gesehen. Dieses Datum ist der Zeugin deswegen mit absoluter Sicherheit in Erinnerung, weil bei diesem Besuch bereits bekannt war, daß ihr Ehemann am nächsten Tag wegtransportiert werden sollte und die beiden Eheleute hieran schon damals die Vermutung knüpften, daß sie sich nun zum letzten Mal sehen würden."
(Aus dem Urteil des Schwurgerichts Augsburg)

Zerstörte Zelle in der Prinz-Albrecht-Straße. In einer solchen Zelle waren auch Dietrich Bonhoeffer und Hans von Dohnanyi gefangen. (Aufnahmedatum 1948)

Von Dohnanyi angefertigte Zeichnung seiner Baracke im KZ Sachsenhausen

„In Sachsenhausen hatte sich eine Familie um von Dohnanyi geschart. Junge und alte Männer, die von ihm Hilfe und Trost erwarteten. Er sagte, man könne sich niemals im Leben mit einem fremden Menschen so nahe sein wie im Gefängnis der unschuldigen Opfer. In seiner Zelle, an seinem Krankenbett, fanden heimliche Treffen statt, bei denen nicht von Politik gesprochen wurde, sondern vom Leben selbst. Es muß eine Stimmung wie bei den ersten Christen in den römischen Gefängnissen gewesen sein."
(Dr. Tietze, Chefarzt des Berliner Polizeikrankenhauses in seiner Zeugenaussage vor dem Schwurgericht München)

Zerstörter Zellentrakt im Keller der Prinz-Albrecht-Straße (Aufnahmedatum 1948)

„Als wir gestern wieder auf dem Fußboden lagen und einer vernehmlich: ‚Ach Gott, ach Gott!' rief – sonst ein sehr leichtfertiger Geselle – brachte ich es nicht über mich, ihn irgendwie christlich zu ermutigen und zu trösten, sondern ich weiß, daß ich nach der Uhr sah und nur sagte: Es dauert höchstens noch zehn Minuten. Das geschah nicht mit Überlegung, sondern von selbst und wohl aus dem Gefühl heraus, diesen Augenblick nicht zu religiösen Erpressungen benutzen zu dürfen."
(Dietrich Bonhoeffer an Eberhard Bethge, 29. Januar 1944)

Konzentrationslager Flossenbürg; in der Bildmitte der sogenannte Bunker, ein langgestreckter Arrestbau, in dem auch Dietrich Bonhoeffer in seiner letzten Nacht gefangen war (Aufnahmedatum 1945)

Wäscherei des Konzentrationslagers Flossenbürg – Verhandlungsort des SS-Standgerichts

„Es wird nicht die Aufgabe unserer Generation sein, noch einmal ‚große Dinge zu begehren‘, sondern unsere Seele aus dem Chaos zu retten und zu bewahren und in ihr das einzige zu erkennen, das wir wie eine ‚Beute‘ aus dem brennenden Hause tragen . . . Wir werden unser Leben mehr zu tragen als zu gestalten haben, wir werden mehr hoffen als planen, mehr ausharren als vorschreiten. . . . Auf unsere Privilegien werden wir gelassen und in Erkenntnis einer geschichtlichen Gerechtigkeit verzichten können.“
(Dietrich Bonhoeffer an Eberhard Bethge am 21. 5. 1944)

Zelle im Bunker von Flossenbürg; heutiger (rekonstruierter) Zustand des 1964 abgerissenen Arrestbaus

Hinrichtungsstätte in Flossenbürg

„Der die Sünde straft und gern vergibt,
Gott, ich habe dieses Volk geliebt.
Daß ich seine Schmach und Lasten trug
und sein Heil geschaut – das ist genug."

(Dietrich Bonhoeffer, Der Tod des Mose, geschrieben nach dem Schei-
tern des Umsturzversuchs vom 20. Juli 1944)

Bei der Befreiung des KZ Buchenwald gefangengenommene Wachmannschaften im Zellentrakt des Lagers (Foto: Lee Miller, 1945)

*„Wir befinden uns in voller Übereinstimmung, daß unsere Wächter
und Aufseher viel mehr Mitleid brauchten als wir und daß es absurd
war, sie für ihre Handlungen zu tadeln."*
*(Payne Best, englischer Geheimdienstoffizier und Mitgefangener von
Dietrich Bonhoeffer im Bunker des KZ Buchenwald)*

Neujahr 1945.

von Dietrich Bonhoeffer
(Prinz-Albrecht-Strasse.)

Von guten Mächten treu und still umgeben,
behütet und getröstet wunderbar, -
So will ich diese Tage mit euch leben
und mit euch gehen in ein neues Jahr. -

Noch will das alte unsre Herzen quälen,
noch drückt uns böser Tage schwere Last,
Ach, Herr, gib unsern aufgescheuchten Seelen
das Heil, für das Du uns bereitet hast.

Und reichst Du uns den schweren Kelch, den bittern
des Leids, gefüllt bis an den höchsten Rand,
so nehmen wir ihn dankbar ohne Zittern
aus deiner guten und geliebten Hand.

Doch willst du uns noch einmal Freude schenken
an dieser Welt und ihrer Sonne Glanz,
dann woll'n wir des Vergangenen gedenken
und dann gehört dir unser Leben ganz.

Laß warm und still die Kerzen heute flammen,
die du in unsre Dunkelheit gebracht,
führ, wenn es sein kann, wieder uns zusammen.
Wir wissen es, Dein Licht scheint in der Nacht.

Wenn sich die Stille nun tief um uns breitet,
so lass uns hören jenen vollen Klang
der Welt, die unsichtbar sich um uns breitet,
all Deiner Kinder hohen Lobgesang.

Von guten Mächten wunderbar geborgen
erwarten wir getrost, was kommen mag.
Gott ist mit uns am Abend und am Morgen
und ganz gewiss an jedem neuen Tag. -

*Gedicht, geschrieben Ende Dezember 1944 im Kellergefängnis der
Prinz-Albrecht-Straße für die Verlobte Maria von Wedemeyer und
zum Geburtstag der Mutter am 30. Dezember
(Abschrift aus dem Jahre 1945)*

Die Treppe

Ein Zeuge der letzten Augenblicke im Leben von Dietrich Bonhoeffer war der Arzt Dr. Hermann Fischer. Er berichtete einige Jahre nach Kriegsende über seine Beobachtungen, und sein Zeugnis ist oft zitiert worden als letzte authentische Nachricht über Bonhoeffers Ende. Der Arzt hatte geschrieben:[1]

Am Morgen des betreffenden Tages etwa zwischen 5 und 6 Uhr wurden die Gefangenen, darunter Admiral Canaris[2], General Oster[3], General Thomas[4] und Reichsgerichtsrat Sack[5], aus den Zellen geführt und die kriegsgerichtlichen Urteile verlesen. Durch die halboffene Tür eines Zimmers im Barackenbau sah ich vor Ablegung der Häftlingskleidung Pastor Bonhoeffer in innigem Gebet mit seinem Herrgott knien. Die hingebungsvolle und erhörungsgewisse Art des Gebetes dieses außerordentlich sympathischen Mannes hat mich auf das tiefste erschüttert. Auch an der Richtstätte selbst verrichtete er noch ein kurzes Gebet und bestieg dann mutig und gefaßt die Treppe zum Galgen. Der Tod erfolgte nach wenigen Sekunden. Ich habe in meiner fast 50jährigen ärztlichen Tätigkeit kaum je einen Mann so gottergeben sterben sehen.

Zu dem Zeitpunkt, da der Arzt Dietrich Bonhoeffer sterben sah, wußte er vielleicht noch nicht genau, wer da die Treppe zum Galgen bestieg; später aber, als er dies schrieb, waren zehn Jahre vergangen, und er hat mit Sicherheit erfahren, wer dieser Mann gewesen war. Die Zeitungen hatten über Dietrich Bonhoeffer und seine Mitverschworenen geschrieben, und selbst die BBC hatte einen Gedächtnis-Gottesdienst für Bonhoeffer aus London übertragen. Ein öffentliches Gedenken in England für einen Deutschen und dazu noch vom Londoner Rundfunk gesendet – dies war damals ungewöhnlich, denn die britische Öffentlichkeit stand noch unter dem Eindruck der Schreckensbilder aus deutschen Konzentrationslagern: Elendsgestalten, dem Grauen gerade noch entronnen, Leichenberge, von Bulldozern in Massengräber geschoben.

Der Arzt

Wer ist also dieser Arzt, der so mild und ergriffen über Dietrich Bonhoeffers Ende berichtet? Was weiß er über das Opfer? Und wer ist er selbst, der sich als „aufs tiefste erschüttert" erklärt? Fischer war nicht einfach ein beliebiger Arzt, sondern er war der Lagerarzt von Flossenbürg. Als solcher konnte er sich im KZ frei bewegen. Er hat alles gesehen: Hungernde und Kranke in den Baracken, beim Appell oder auf dem Marsch zur Arbeit, „Muselmänner" und Sterbende im Krankenrevier. Er muß auch die Toten gesehen haben, die jeden Abend am Rand des Appellplatzes abgelegt wurden, damit die Zahlen stimmten. Aber ein Lagerarzt sieht nicht nur, er hat auch präzise Aufgaben im Lager, die nur wenig zu tun haben mit dem, worauf er den äskulapischen Eid geleistet hat. Im Lager geht es nicht so sehr um Hilfe für leidende Gefangene, sondern um ganz andere Dinge: medizinische Versorgung der Wachmannschaften, Verhinderung von Epidemien, die auch für die Zivilbevölkerung ringsum gefährlich werden können, und schließlich um die Todesbescheinigungen für die Lagerregistratur und die Standesämter. Es ist auch eine Aufgabe des Lagerarztes, bei ihrer Ausstellung die Todesursachen zu „neutralisieren", d. h. zu fälschen, um lästige Nachfragen von Angehörigen zu verhindern.

Es war also Dr. Hermann Fischer, der Dietrich Bonhoeffers Tod festgestellt und seinen Totenschein ausgestellt hat. Was er dort eingetragen hat, wissen wir nicht. Das Dokument ist vor der Befreiung mit der gesamten Lagerregistratur von der SS vernichtet worden. Alle Beweisdokumente und Indizien wurden beseitigt: nicht nur die Akten, auch die Gummischläuche, die als Schlagwerkzeuge benutzt, auch der Holzblock, auf dem die Häftlinge ausgepeitscht worden waren. Auch die sechs Haken im Arresthof wurden herausgeschlagen und das Mauerwerk mit Farbe übertüncht. Keine Spuren sollten übrigbleiben.[6]

Für Dr. Fischer war die Ausstellung von Totenscheinen nach Hinrichtungen im Lager ein mehr als alltägliches Geschäft, denn Flossenbürg war ein Vernichtungslager. Im letzten Jahr vor der Befreiung, also zwischen April 1944 und April 1945, hatte es dort etwa eintausendfünfhundert Hinrichtungen gegeben. Dies bedeutet bis zu neunzig Hinrichtungen pro Tag – die meisten von ihnen Russen und Ostarbeiter, aber auch alliierte und deutsche Offiziere, selbst polnische Frauen und Kinder, die der Warschauer Widerstandsbewegung angehört haben sollen.[7]

Fischer war also kein Zufallszeuge von Dietrich Bonhoeffers letzten Gebeten, sondern er nahm in amtlicher Funktion an seiner standgerichtlichen Ermordung teil. Dies ist wohl auch der Grund, warum er über das damalige Geschehen einen so milden und versöhnlichen Schleier breitet. Von der brutalen Kälte der wirklichen Tatumstände bleibt in seinem Bericht nichts übrig. Fischer erwähnt zwar die „Ablegung der Häftlingskleidung", verschweigt aber, was tatsächlich geschehen ist. In einem Urteil des Landgerichts Augsburg vom Oktober 1955 wird der wahre Tathergang genauer beschrieben:[8]

Etwa zwischen 6 und 7 Uhr fand sodann [. . .] im Hofe des Kommandanturarrestes im Beisein des Standortarztes SS-Obersturmbannführer Dr. Fischer die Hinrichtung von Canaris, Oster, Dr. Sack, Gehre[9] und Pastor Bonhoeffer statt. [. . .] Die fünf Männer mußten völlig nackt eine Art Stiege besteigen; es wurde ihnen ein Strick um den Hals gelegt und sodann die Stiege weggezogen. Der Tod trat unmittelbar darauf ein.

Über die Hinrichtungsstätte heißt es an anderer Stelle im gleichen Urteil:[10]

Das „Konzentrationslager (KL) Flossenbürg" bestand [. . .] aus dem eigentlichen Schutzhaftlager, das mit Draht umzäunt und von Türmen aus bewacht war, und dem sog. „Kommandanturbereich"; dieser letzte war dem Schutzhaftlager vorgelagert und umfaßte die Unterkünfte der Wachtruppen und die Verwaltungsgebäude der Kommandantur. Innerhalb des Schutzhaftlagers befand sich ein langer Zellenbau, der sog. „Kommandanturarrest", ein ebenerdiges, barackenartiges, aber gemauertes [...] Gebäude. [...] Dem Gebäude nördlich vorgelagert war ein rechteckiger, durch eine Mauer abgegrenzter Hofraum; er hatte die gleiche Länge wie das Gebäude. An der Westseite dieses Hofes war die Mauer zwischen dem Gebäude selbst und der nördlich abschließenden Mauer mit einem Holzdach überdeckt; an der Balkenkonstruktion dieses Daches waren Haken angebracht. Hier fanden die zu vollziehenden Hinrichtungen [...] durch Erhängen statt.

Eine „Stiege" also und „Haken in der Balkenkonstruktion" – keine Rede von einem Galgen mit Treppe und Falltür, bei dem die Erhängten sofort sterben, weil sie in die Schlinge stürzen und sich das Genick brechen. Statt dessen „Haken", an denen die Opfer aufgehängt werden, bis sie sich selbst erdrosseln. In Flossenbürg also die gleiche Prozedur wie in Plötzensee, wo Hitler einige Monate zuvor den Todeskampf der an Klavierdraht aufgehängten Attentäter des 20. Juli mit einer Kamera hatte aufzeichnen lassen. Bei dieser Art der Erdrosselung – oder genauer: der Selbsterwürgung – können nach gerichtsmedizinischer Erkenntnis bis zum Eintritt des Todes mehrere Minuten vergehen. Diese Tatsache könnte auch die ungewöhnlich lange Dauer der Hinrichtungsprozedur in Flossenbürg erklären: Über eine halbe Stunde zog sich die Exekution hin. Waren es also wirklich nur „wenige Sekunden" bis zum Eintritt des Todes, wie Fischer behauptet? Es hat an den Haken in Flossenbürg bei anderer Gelegenheit auch Fälle gegeben, bei denen der Todeskampf der Aufgehängten so lange dauerte, daß sie von den Haken abgenommen und mit einem Pistolenschuß erledigt werden mußten.[11]

Wer also ist Fischer? Was ist von seinem Zeugnis zu halten? Was von seiner „tiefen Erschütterung"? Wir wissen einiges über ihn: so zum Beispiel, daß er den Todesmarsch der Häftlinge von Flossenbürg nach Dachau miterlebte[12] – er begleitete den Marsch „in einem Sanitätskraftwagen"[13]. Die Häftlinge wurden damals in letzter Stunde nach Dachau überführt, um sie der Befreiung durch die heranrückenden Alliierten zu entziehen. Wußte Fischer das nicht? Hat er am zweiten Marschtag nicht den Befehl des Lagerkommandanten Kögel gehört, auf die Häftlinge seien jetzt „nicht mehr Kopf-, sondern Herzschüsse" abzugeben? Hat er hinter den Marschkolonnen nicht die kleinen Häftlingsabteilungen marschieren sehen, die als „Beerdigungskommandos" mit Schaufeln ausgerüstet waren, um die Leichen der Erschossenen notdürftig am Straßenrand zu verscharren?[14]

Fischer war Träger des „Totenkopfrings" der SS und besaß den Rang eines SS-Obersturmbannführers[15]; dies entsprach beim Militär dem Rang eines Oberstleutnants. Was hat er gewußt? Woran war er selber beteiligt?

1956 stand Fischer als Angeklagter vor Gericht. Ihm wurde die Beteiligung an der systematischen Ermordung arbeitsunfähiger Häftlinge in verschiedenen Lagern vorgeworfen.[16] Ein Jahr zuvor, im Prozeß gegen Huppenkothen und Thorbeck – die beiden hatten in Flossenbürg den „Ankläger" und den „Richter" gespielt und Bonhoeffer mit den fünf anderen Verschworenen zu Tode gebracht –, konnte Fischer den Gerichtssaal noch als freier Mann verlassen. Er war nur als Zeuge vernommen worden. Hierbei wurde er auch – trotz des gegen ihn laufenden Verfahrens – nicht etwa aus der Untersuchungshaft vor Gericht geführt, sondern bewegte sich frei. Er praktizierte damals sogar weiter als Arzt. Über seine Aussage vor dem Schwurgericht in Augsburg steht im Urteil zu lesen:[17]

Das Gericht hat die Glaubwürdigkeit dieses Zeugen [. . .] mit aller Sorgfalt geprüft. Schon der äußere Eindruck des nunmehr 71jährigen Zeugen ergibt, daß er das Gericht ohne Umschweife mit der reinen Wahrheit bedienen will. Dabei ist dieser Zeuge, wie sich aus der klaren Beantwortung der Fragen ergibt, keineswegs in seinen geistigen Fähigkeiten gemindert. Bei der ganzen Aussage hat sich nichts ergeben, was bei dem Zeugen auf irgendeine altersbedingte Ausfallerscheinung schließen lassen könnte. Schon äußerlich macht der Zeuge kaum den Eindruck eines Greises, vielmehr den Eindruck eines Mannes mit voll erhaltener Spannkraft. Der Zeuge erklärte wohl, daß er in Internierungshaft einige Krankheiten mitgemacht habe und daß allgemein sein

Erinnerungsvermögen nachgelassen habe. Der Zeuge läßt jedoch mit Bestimmtheit erkennen, daß, soweit er sich über Erlebtes erklärt, keinerlei Anlaß besteht, anzunehmen, sein Erinnerungsbild sei verfälscht. Auf den vom Verteidiger des Angeklagten T(horbeck) gestellten Antrag, den Zeugen Dr. Fischer psychiatrieren zu lassen, konnte es daher nicht ankommen. Auf Grund der eigenen, sorgfältigen Beobachtungen des Zeugen sieht sich das Schwurgericht durchaus in der Lage, selbst über die geistige Gesundheit dieses Zeugen ein positives Urteil zu fällen, nachdem dieser Zeuge mehrere Stunden vor dem Gericht gestanden hat und einen absolut eindeutigen Eindruck, nämlich den der Zuverlässigkeit und der Freiheit von Widersprüchen hinterlassen hat.

Über seine Aussage selbst heißt es im Augsburger Urteil:[18]

Der Zeuge Dr. Fischer sagt mit klarer Bestimmtheit aus, daß Canaris, Oster (diese beiden kannte er von ärztlicher Versorgung her), ein Mann mit einer Augenbinde, ein Mann, der ihm als Heeres-Chefrichter Dr. Sack bezeichnet worden war und ein Pastor an einem Morgen zwischen 6 und 7 Uhr im Verlauf von etwa einer halben bis einer Stunde an der üblichen Hinrichtungsstätte im Hof des Kommandanturarrestes durch Erhängen getötet wurden. Er selbst ist bereits am Vorabend um etwa 18 Uhr vom Kommandanten zu dieser Hinrichtung bestellt worden. [. . .] Gemäß diesem Befehl hat der Zeuge den ganzen Hinrichtungsaktionen in seiner Eigenschaft als Standortarzt, als der er den Tod der Männer amtlich festzustellen hatte, beigewohnt. [. . .] Daß die fünf Männer unmittelbar nacheinander hingerichtet wurden, steht für ihn absolut fest: Ein Zweifel hierüber ist ausgeschlossen. Einzelheiten der Hinrichtung sind dem Zeugen noch deutlich in Erinnerung: So war der Zeuge davon erschüttert, in einem links neben dem Wachraum gelegenen Raum einen der Hinzurichtenden, der ihm auf Frage als „Pastor" bezeichnet wurde, in nacktem Zustand kniend innig ins Gebet versunken zu sehen. [. . .] Der Zeuge weiß auch mit Bestimmtheit, daß die fünf Männer sämtlich in nacktem Zustand erhängt wurden. Daß es sich bei diesen Einzelheiten nicht um Phantasien handelt, liegt auf der Hand.
Nichts anderes gilt sodann auch für die weitere Bekundung des Zeugen, der Angeklagte Huppenkothen sei bei dieser Hinrichtung ebenso wie er selbst zugegen gewesen. Es wäre an sich schon höchst verwunderlich, wenn Huppenkothen zwar [. . .] am Morgen des 9. April 1945 in Flossenbürg anwesend war, von der Hinrichtung jedoch keine Notiz genommen und, wie er selbst angibt, in Berlin hierüber auch keinen Bericht

hätte erstatten können. So liegt der Verteidigung der beiden Angeklagten außerordentlich daran, gerade in diesem Punkte die Glaubwürdigkeit des Zeugen zu erschüttern. Auf vielfache Fragen hat der Zeuge wiederholt folgendes ausgesagt: Eine Täuschung in der Person Huppenkothens ist unmöglich. Im Kasino, wo Dr. Fischer in Abwesenheit des Kommandanten Rangältester war, hatte er Huppenkothen kennengelernt gehabt und ihm, da er ranghöher war, überdies aus dem Reichssicherheitshauptamt kam, [...] besondere Beachtung geschenkt. Seine Erinnerung daran, daß gerade Huppenkothen, den er auch heute einwandfrei erkennt – er habe sich kaum verändert –, bei der Hinrichtung zugegen war, ist absolut plastisch; der Zeuge erinnert sich mit aller Klarheit daran, daß er zusammen mit Huppenkothen – sich mit diesem über belanglose Dinge unterhaltend – nach der Hinrichtung durch das Lager zurückging. [...]

Erwähnt sei schließlich, daß das Schwurgericht – ebenso wie das Landgericht Weiden, das Dr. Fischer hierwegen außer Verfolgung setzte – den Verdacht einer durch die Beteiligung Dr. Fischers an der Hinrichtung begangenen strafbaren Handlung für ausgeräumt hält, da Dr. Fischer die weiteren Zusammenhänge nicht kannte, ein Standgerichtsurteil aber – wie der Zeuge angibt – in jedem Falle vor der Hinrichtung verlesen wurde.

So endete in diesem Fall die Vernehmung des Zeugen Dr. Fischer ohne Weiterungen. Er konnte das Gericht als freier Mann verlassen.[19]

Der Richter

Die Morde von Flossenbürg wurden nach einem makabren juristischen Inszenierungsplan abgewickelt. Alle hieran Beteiligten behaupteten später, sämtliche Regeln eines standgerichtlichen Verfahrens seien beachtet worden; alles habe sich in den „geordneten Bahnen" des Militärstrafrechts vollzogen. Freilich fehlt uns über den tatsächlichen Hergang des „Prozesses" jede Kenntnis; wir wissen nur, was die Täter im nachhinein zu ihrer Entschuldigung vorgetragen haben. Wie in den meisten NS-Prozessen der Nachkriegszeit üblich, versuchten auch sie, sich hinter Befehlen und Anweisungen „von oben" zu verstecken. Je höher die Täter in der NS-Hierarchie angesiedelt waren, um so dreister bedienten sie sich dieser Verteidigungsstrategie. Fälle von Umkehr und Reue sind nicht bekannt.

So sind auch die Aussagen der in Flossenbürg angeklagten NS-Juristen Huppenkothen und Thorbeck nur mit großer Vorsicht zu betrachten. Da es aber keine weiteren Zeugen des „Verfahrens" gibt – die Opfer sind tot –, bleibt nichts anderes übrig, als zunächst ihren Aussagen zu folgen.

Vorsitzender Richter des in Flossenbürg zusammengetretenen „Standgerichts" war der SS-Richter Dr. Otto Thorbeck. Das Augsburger Urteil, das in Rüters Sammlung seinen Namen nur mit der Abkürzung „Dr. T." wiedergibt,[20] bringt einige Angaben zu seiner Biographie: Thorbeck hatte bereits in jungen Jahren – kaum 33 Jahre alt – nach steiler Karriere die Stelle eines „Chefrichters" beim SS- und Polizeigericht München erhalten;

gleichzeitig übte er als „Inspektionsrichter Süd" die Dienstaufsicht über die SS- und Polizeigerichte in Nürnberg, München, Salzburg und Laibach aus. Noch bevor er dieses Amt antrat, war er zur Anfertigung seiner Dissertation über „Bauernrecht" nach Norwegen freigestellt worden.[21] Thorbeck scheint über sehr gute Beziehungen in der NS-Hierarchie verfügt zu haben, denn ein Forschungsurlaub mitten im Kriege war ungewöhnlich, zumal in einer Zeit, in der die letzten Reserven für den Kampf um Stalingrad mobilisiert wurden. Nach dem Zusammenbruch des Regimes, dem er gedient hatte, geriet Thorbeck in amerikanische Kriegsgefangenschaft und befand sich bis 1948 in einem Internierungslager. Seit 1950 nutzte er dann wieder seine juristischen Kenntnisse und ließ sich als Rechtsanwalt nieder. Das Augsburger Urteil nennt den Sitz seiner Kanzlei nicht, sondern erwähnt nur, sie habe sich „in . . . bei Nürnberg" befunden – die Resozialisierung Thorbecks sollte wohl nicht durch rufschädigende Informationen über sein juristisches Vorleben beeinträchtigt werden.

Über die Art und Weise, wie Thorbeck zu dem Standgerichtsverfahren gegen Dietrich Bonhoeffer und seine Mitverschworenen kam, heißt es im Augsburger Urteil:[22]

Der Angeklagte T. läßt sich im einzelnen wie folgt ein: Eines Tages, Anfang April 1945, sei vom Hauptamt SS-Gericht in Prien bei seiner Dienststelle in München angerufen worden, er habe im KL Flossenbürg, dessen örtliche Lage ihm noch gar nicht bekannt gewesen sei, ein Standgericht durchzuführen; Befehl vom Führerhauptquartier liege vor; es handle sich um eine geheime Reichssache; er werde in Flossenbürg alles weitere vorfinden. Als Termin des Standgerichts sei ihm der 8. April 1945 genannt worden. [. . .] Am nächsten Tag habe er sodann eine Rückfrage gehalten, worauf ihm vom Personalreferenten beim Hauptamt SS-Gericht, Dr. Gr. die Gültigkeit der Anordnung bestätigt worden sei; gleichzeitig habe der Genannte jedoch seiner Verwunderung darüber Ausdruck gegeben, daß er – Dr. T. – sich nicht sofort in Marsch gesetzt habe. Der Angeklagte erklärt weiter, er habe sodann am gleichen Tage eine Fahrgelegenheit mit einer Munitionskolonne nach Schwarzenfeld (40 km südlich Weiden/Opf.) ausfindig gemacht, sei mit dieser am Morgen des folgenden Tages abgefahren und am Nachmittag des gleichen Tages in Schwarzenfeld angekommen. Dort habe er sich von der Gendarmeriestation aus fernmündlich mit dem KL Flossenbürg in Verbindung gesetzt und seine Abholung für den Morgen des nächsten Tages zugesagt erhalten. Durch Vermittlung der Tochter eines Polizeibeamten habe er Quartier in Schwarzenfeld erhalten und dort übernachtet. Der nächste Tag sei ihm [. . .] nach dem gesamten Bild, insbesondere der geradezu friedensmäßigen Ruhe inmitten aller Auflösung und vieler Flüchtlingstransporte als Sonntag in Erinnerung; er erinnere sich sogar noch daran, daß weiß gekleidete Mädchen mit Kränzen auf dem Haar zu sehen waren, so daß er zu dem eindeutigen Schluß komme, es müsse sich dabei um den Weißen Sonntag (das ist der 8. April 1945) gehandelt haben. [. . .]

Nach Eintreffen in Flossenbürg sei er mit dem Angeklagten Huppenkothen zusammengetroffen, den er damals überhaupt erst kennengelernt habe. Dieser habe ihn sodann auch mit dem Gegenstand des Verfahrens und mit den Personen, die dem Verfahren unterworfen werden sollten, bekannt gemacht. Er – Dr. T. – sei über das beabsichtigte Standgerichtsverfahren erstaunt gewesen; seine Vorstellungen seien bis dahin in ganz anderer Richtung gegangen. Als ihm der Auftrag zur Anreise gegeben wurde, habe er sich vorgestellt, daß seine Berufung zum Vorsitzenden (anstelle des örtlich zuständigen Vorsitzenden des Nürnberger SS- und Polizeigerichts) darin ihren Grund haben müsse, daß gegen eine höhere, der SS- und Polizeigerichtsbarkeit unterstellte Person zu verhandeln wäre. Aus Rangrücksichten sei in solchen Fällen auch sonst der zuständige Inspektionsrichter zum Vorsitzenden bestellt worden. [. . .] Um so mehr sei er überrascht gewesen, daß er gegen – wenn auch ausgestoßene – Offiziere der Wehrmacht zu verhandeln hätte; als völlig ungewöhnlich sei es ihm erschienen, gegen einen Admiral und einen General zu verhandeln. Schließlich sei es ihm auch alsbald klar geworden, daß es sich nicht um die Aburteilung von eben begangenen Straftaten handelte, deren sofortige Ahndung mit Rücksicht auf die Aufrechterhaltung der Ordnung und der Sicherheit der Truppe erforderlich war, sondern daß es sich um die Aburteilung von Straftaten handelte, die in jedem Falle mindestens ein Jahr, teilweise bis zu fast sieben Jahren zurücklagen.

Sein erster Eindruck sei der gewesen, daß es sich hier um die „Bereinigung von Rivalitäten zwischen Wehrmacht und Partei" handle. Später sei er allerdings über das Verhalten der Offiziere, insbesondere über das kriegsverräterische Treiben, das in ihm habe Abscheu erregen müssen, erschüttert gewesen. Seine Bedenken, ob überhaupt ein aus SS-Führern zusammengesetztes Gericht zuständig sein könnte, habe er sodann Huppenkothen etwa mit den Worten mitgeteilt: „Wie komme ich dazu, ein solches Standgericht abzuhalten?" Huppenkothen habe nun darauf hingewiesen, daß ein gleiches Standgericht bereits durchgeführt worden war und daß der darin tätige SS-Richter dergleichen Bedenken nicht geäußert habe.

Mit dieser Bemerkung spielte Huppenkothen auf das zwei Tage zuvor im KZ Sachsenhausen gegen Bonhoeffers Schwager Hans von Dohnanyi durchgeführte Standgerichtsverfahren an, in dem er ebenfalls als Ankläger aufgetreten war. Thorbeck fährt in seiner Aussage fort:

Außerdem habe Huppenkothen mit Nachdruck darauf hingewiesen, daß ein Befehl des Führers vorliege, der jede Art von Gerichtsverfahren ohnehin decke. Jedenfalls dieser letzteren Überlegung habe er – der Angeklagte Dr. T. – sich gebeugt; die Verantwortung für die Zusammensetzung des Gerichts habe – wie in allen militärgerichtlichen Verfahren – bei dem Gerichtsherrn gelegen. Überdies sei Hitler Oberster Gerichtsherr sowohl der drei Wehrmachtsteile wie auch der SS- und Polizeiverbände gewesen. Da aber an dem Vorliegen eines Befehls Hitlers für ihn – den Angeklagten T. – nach den Darlegungen Huppenkothens kein Zweifel habe bestehen können, sei für ihn als SS-Führer jede weitere Erörterung überflüssig gewesen, da ein Befehl Hitlers nach seiner damaligen Haltung unumschränkte Geltung beanspruchen mußte. Der Angeklagte Dr. T. behauptet in diesem Zusammenhange – im Widerspruch zu der Einlassung des Angeklagten Huppenkothen –, daß ihm sogar ein schriftlicher Befehl von Huppenkothen vorgezeigt worden sei.

Nicht nur der Arzt, der Dietrich Bonhoeffers letzte Gebete beobachtet hat, auch der Richter, der ihn auf die Stiege unter dem Haken geschickt hat, spricht also von „Erschütterung". Aber es ist nicht das Erschrecken über sich selbst und seine blinde „Gefolgschaftstreue", die ihn erschüttert, sondern es ist eine „Erschütterung", die seine Verteidigungsposition verbessern soll. Daß Thorbeck vier Wochen vor der bedingungslosen Kapitulation noch Befehle des „obersten Gerichtsherrn" ausgeführt hat, soll dem Gericht vermutlich plausibler erscheinen, wenn er die Ermordeten als „Verräter" bezeichnet. Von dort ist es dann auch nur noch ein kleiner Schritt, ihre Exekution als „legal" und „rechtmäßig" zu bezeichnen. Thorbeck fährt in seiner Einlassung fort:[23]

Bei der Abwicklung der Standgerichtsverhandlung habe er – Dr. T. – wie stets in völlig gesetzlicher Weise sorgfältig verhandelt. Eine Verteidigerbestellung sei ihm nicht notwendig erschienen; sie wäre überdies auch praktisch undurchführbar gewesen. Das Protokoll habe er selbst geführt. Entsprechende Formulare habe er von seiner Dienststelle mitgebracht gehabt.
Der Angeklagte Dr. T. erklärt – wie bereits erwähnt – mit Nachdruck, daß er nach seiner bestimmten Erinnerung an zwei Tagen verhandelt habe. Zunächst habe er sich mehrere Stunden lang mit dem Aktenmaterial, das in einem Nebenraum auf einem Tische vorbereitet lag – nach kurzer Einweisung durch Huppenkothen – vertraut gemacht. Zwischendurch habe er das Mittagessen im Kasinoraum eingenommen. Am Nachmittag gegen 16 Uhr sei sodann mit der Verhandlung begonnen worden. [. . .]
Jeder der Angeklagten habe ausreichend Gelegenheit gehabt, sich zu verteidigen, jedem sei das letzte Wort gewährt worden und in jedem Falle habe sich an die Verhandlung eine eingehende Beratung von je etwa halbstündiger Dauer angeschlossen. Überdies seien [. . .] in jedem Falle die Gnadenbitten der Verurteilten (meist Frontbewährung statt Vollstreckung) von ihm aufgezeichnet worden und fernerhin habe jeweils jeder der drei Richter seine Stellungnahme zum Urteil – wie vorgeschrieben – in einem verschlossenen Umschlage niedergelegt. Diese Stellungnahmen seien ebenso wie die bereits während der Beratung schriftlich niedergelegten Urteile zu den Akten gegeben worden.

Die Behauptung Thorbecks, es habe „Gnadenbitten" um Frontbewährung gegeben, ist nicht nachprüfbar, aber höchst unwahrscheinlich. Daß etwa Bonhoeffer, der sein Lebtag keine Waffe in der Hand gehalten hat, jetzt ausgerechnet bei Thorbeck um „Gnade" gebeten hätte, ist undenkbar. Thorbeck wird die Gnadengesuche erfunden haben, um die „ordnungsgemäße" Durchführung des Verfahrens zu belegen. In die gleiche Richtung weisen auch seine weiteren Behauptungen über die angebliche Protokollierung und über die schriftliche Niederlegung der Richtervoten „in verschlossenem Umschlage". Mit dem Hinweis auf die Beachtung solcher Formalien will Thorbeck die Einhaltung der Prozeßregeln unter Beweis stellen. Wie absurd diese Verteidigungsstrategie aber ist, belegt sein eigenes Eingeständnis, er habe die Bestellung eines Verteidigers – also die grundlegendste Verfahrensregel eines jeden Strafprozesses – für „nicht notwendig" gehalten. Was von seinen übrigen Behauptungen zur Protokollierung und zu den Richtervoten zu halten ist, zeigt seine Aussage über den Verbleib dieser Unterlagen:[24]

Über das weitere Schicksal der Akten, die nach wie vor in dem Nebenraum gelagert hätten, kann der Angeklagte Dr. T. keine Angaben machen; er erklärt, er habe es als selbstverständlich betrachtet, daß entweder Huppenkothen als Mitglied des RSHA (Reichssicherheitshauptamtes) oder auch Kögel (Kommandant des KZ Flossenbürg) als örtlicher Befehlshaber, der mit den entsprechenden Nachrichtenverbindungen versehen war, sich um das weitere Verfahren, insbesondere die Bestätigung und etwaige Vollstreckung der Urteile kümmern würden. Von Kögel sei er ausdrücklich gefragt worden, ob er bis zur Vollstreckung der Urteile anwesend bleiben wolle; er habe jedoch in der Annahme, daß ohnedies noch einige Tage bis zur Vollstreckung vergehen würden, abgelehnt, und zwar mit Rücksicht darauf, daß er dringend dienstlich in Nürnberg zu tun hatte. Er habe sich sodann nach Weiden zum Bahnhof fahren lassen, von dort aber sein mitgeführtes Fahrrad zur Weiterfahrt nach Nürnberg benützt.

Welcher Art Thorbecks „dringende" dienstliche Tätigkeit in Nürnberg war, wissen wir nicht. Ob er noch weiteren Standgerichtsverfahren vorsitzen wollte oder was sonst die Beschäftigungen eines SS-Chefrichters vier Wochen vor dem „Zusammenbruch" gewesen sein mögen, hat Thorbeck nicht erklärt. Zum Schluß der Aussage heißt es:[25]

Davon, daß die Urteile vollstreckt wurden, will der Angeklagte Dr. T. erst nach Beendigung des Krieges erfahren haben. Beide Angeklagten stellen überdies entschieden in Abrede, daß ihnen von einem ausdrücklichen Hinrichtungsbefehl etwas bekannt geworden sei; ebensowenig habe eine bestimmte Anweisung an das Standgericht existiert, in dem einen oder anderen Sinne zu urteilen. Dr. T. betont, daß er sich in seiner richterlichen Tätigkeit ungeachtet der Beisitzer völlig frei gefühlt habe. In der Bestellung des KL-Kommandanten zum Beisitzer habe er nichts

Auffälliges erblicken können, da dieser jedenfalls der ranghöchste SS-Führer im Standort war. An den Namen des von Huppenkothen nicht genannten zweiten Beisitzers will sich der Angeklagte Dr. T. nicht mehr erinnern können.

Dies ist alles. Ein deutscher Richter, der sich „völlig frei" fühlt – nur um seine „Unabhängigkeit" beweisen zu können; ein Richter, der gleichzeitig „nichts Auffälliges" darin erblicken kann, wenn ein KZ-Kommandant als „Beisitzer" fungiert – nur um darzulegen, daß es sich bei dem notdürftig als „Standgericht" kaschierten Verfahren nicht um Mord gehandelt habe; ein Richter, der schließlich auch nichts dabei findet, seinen Komplizen, den angeblichen zweiten „Beisitzer" – falls es einen solchen überhaupt gegeben hat – durch sein Schweigen zu decken.

1955, als in Augsburg gegen Huppenkothen und Thorbeck verhandelt wurde, existierte noch nicht das heute geltende Verbot von Ton- und Filmaufnahmen im Gerichtssaal.[26] Deshalb konnte der Augsburger Prozeß damals noch von einem Team des Bayerischen Rundfunks gefilmt werden.[27] Man sieht in diesem Film Thorbeck auf der Anklagebank: ein drahtig-soignierter Herr in elegantem Zweireiher mit Krawatte und gebügeltem Hemd. Man erinnert sich bei dieser Szene unwillkürlich an einen anderen Film, der die Männer des 20. Juli vor Freislers Richterbank zeigt: vorgeführt aus den Verhörkellern der Gestapo, zusammengeschlagen, die Hosenträger und Gürtel abgenommen, um sie auch bei der Aussage vor dem „Volksgerichtshof" zu demütigen. In Flossenbürg werden die Opfer in noch schlechterer Verfassung gewesen sein.

Thorbeck dagegen kann sich vor dem Augsburger Gericht natürlich frei bewegen. Er begleitet seine Aussagen mit sparsam distinguierten Handbewegungen: Musterbild eines gutsituierten Rechtsanwalts in den „besten Jahren". Nur eines paßt nicht recht: seine unsicheren Augen; sie verbergen sich hinter einer Brille. Vielleicht gibt dieser ängstliche Blick auch eine Erklärung für sein Funktionieren in der NS-Bürokratie. Bis zum „Zusammenbruch" Diensteifer und Strebsamkeit ohne eigenes Denken, Karrierismus und Gehorsam ohne Courage.

Helmuth James Graf von Moltke, einer der Verschwörer des

20. Juli, hat im Abschiedsbrief an seine beiden Söhne Caspar und Konrad, damals sechs und zwei Jahre alt, geschrieben:[28]

Ich habe mein ganzes Leben, schon in der Schule, gegen einen Geist der Enge, der Gewalt, der Überheblichkeit, der Intoleranz und des Absoluten, erbarmungslos Konsequenten angekämpft, der in den Deutschen steckt und der seinen Ausdruck in dem national-sozialistischen Staat gefunden hat. Ich habe mich auch dafür eingesetzt, daß dieser Geist mit seinen schlimmen Folgeerscheinungen, wie Nationalismus im Exzeß, Rassenverfolgung, Glaubenslosigkeit, Materialismus, überwunden werde.

Wer weiß, ob Dr. Thorbeck diesen Brief nach dem „Zusammenbruch" je gelesen hat.

Der Ankläger

Das von Admiral Canaris geleitete „Amt Ausland/Abwehr" im OKW (Oberkommando der Wehrmacht) war bis zum Frühjahr 1944 Zentrale des militärischen Nachrichtendienstes. Gedeckt vom Geheimnisschutz militärischer Spionageabwehr operierte hier eine der wichtigsten Widerstandszellen gegen das NS-Regime. Dietrich Bonhoeffer war für seine Tätigkeit im Amt Ausland/Abwehr „uk" gestellt, das heißt „unabkömmlich" und damit nicht wehrpflichtig. Er hatte sich im Auftrag der Widerstandsgruppe bemüht, führende Persönlichkeiten der anglikanischen Kirche für die Vermittlung eines Waffenstillstandes zu gewinnen. Die Verschwörer im Amt Ausland/Abwehr beabsichtigten, sofort nach der Beseitigung des Hitlerregimes einen Waffenstillstand mit den Westalliierten abzuschließen. Zu diesem Zweck hatte Bonhoeffer Auslandsreisen unternommen und hierbei frühere Kontakte aus der ökumenischen Bewegung genutzt.[29]

Seine Bemühungen waren allerdings erfolglos geblieben. Mißtrauisch und stur hatte die englische Regierung an der Forderung nach bedingungsloser Kapitulation festgehalten. Die von den deutschen Widerstandskämpfern erhoffte Unterscheidung zwischen Naziregierung und deutschem Volk blieb aus. Nirgendwo wurde deutlich, daß eine demokratische Regierung, die aus einem erfolgreichen Putsch gegen Hitler hervorgegangen wäre, von den westlichen Alliierten eine bessere Behandlung erwarten konnte als das Naziregime. Erst mit großer Verspätung hat Churchill eingestanden, daß dies ein Fehler war. Im Herbst 1946 erklärte er im britischen Unterhaus:[30]

In Deutschland lebte eine Opposition, die zahlenmäßig durch ihre Opfer und eine entnervende internationale Politik immer schwächer wurde, die aber zu dem Edelsten und Größten gehörte, was in der politischen Geschichte aller Völker je hervorgebracht wurde. Diese Männer kämpften ohne Hilfe von innen oder von außen, einzig getrieben von der Not ihres Gewissens. Solange sie lebten, waren sie für uns unerkennbar, da sie sich tarnen mußten. Aber an den Toten ist der Widerstand sichtbar geworden. Ihre Taten und Opfer sind das unzerstörbare Fundament eines neuen Aufbaues. Wir hoffen auf die Zeit, in der dieses heroische Kapitel der inneren deutschen Geschichte eine gerechte Würdigung findet.

Das Amt Ausland/Abwehr bestand – neben der von General Oster geleiteten „Zentralabteilung" (ZA) – aus drei Abteilungen: Aktive Spionage (Abt. I), Aktive Sabotage (Abt. II) und Spionageabwehr (Abt. III). In Osters Zentralabteilung war zu Beginn des Krieges auch Bonhoeffers Freund und Schwager Reichsgerichtsrat Hans von Dohnanyi berufen worden.[31] Während Oster und Canaris am 9. April 1945 gemeinsam mit Bonhoeffer in Flossenbürg starben, wurde von Dohnanyi bereits einen Tag zuvor im KZ Sachsenhausen ermordet.

Mit Spionageabwehr befaßte sich jedoch nicht nur das Amt Ausland/Abwehr. Auch im Reichssicherheitshauptamt (RSHA), der zentralen Führungsbehörde sämtlicher Polizeikräfte im Reich, existierte eine entsprechende Abteilung. Auch sie nahm nachrichtendienstliche Aufgaben wahr. Seit Juli 1941 stand ihr der Oberregierungsrat und SS-Sturmbannführer Walter Huppenkothen vor. Diese Abteilung war im Amt IV des Reichssicherheitshauptamts untergebracht, das sich mit „Gegnererforschung und -bekämpfung" beschäftigte. Amtsintern wurde die Abteilung als „Gruppe E (Polizeiliche Spionageabwehr)" bezeichnet. Das Nebeneinander von militärischer und polizeilicher – also sozusagen „ziviler" – Spionageabwehr führte zu Kollisionen und Reibereien, wie sie auch an anderen Stellen der NS-Bürokratie häufig vorkamen.

Über den Gruppenleiter Huppenkothen und seine Biographie

enthalten die Entscheidungsgründe des Augsburger Urteils einige Auskünfte.[32] Ähnlich wie Thorbeck war auch er nach steiler Karriere bereits mit 33 Jahren in sein Amt befördert worden. Als einziger Sohn eines Werkmeisters hatte er Jura studiert. Gleich nach dem Examen, noch als Referendar, trat er am 1. Mai 1933 der NSDAP und der Allgemeinen SS bei. 1934, nach der Zweiten Juristischen Staatsprüfung, hatte sich Huppenkothen bei der Geheimen Staatspolizei beworben. Drei Jahre später war er schon Leiter der Staatspolizeistelle Lüneburg. Im Polenfeldzug wird Huppenkothen bereits in den ersten Kriegsmonaten als „Verbindungsführer" der Einsatzgruppe I zur XIV. Armee genannt.

Eigenartigerweise kommentiert das Augsburger Urteil diese Funktion Huppenkothens nicht weiter. Sie war zwar nicht Gegenstand des Verfahrens, aber die Rolle der „Einsatzgruppen" im besetzten Polen ist doch eindeutig bestimmt: Direkt hinter den Kampfverbänden vorrückend war ihre Aufgabe nach außen hin die „Bekämpfung aller reichs- und deutschfeindlichen Elemente im Feindesland rückwärts der fechtenden Truppe".[33] Die Einsatzgruppen unterdrückten jeden zivilen Widerstand mit beispielloser Grausamkeit. Bei den geringsten Anzeichen von Widerstand wurden sofort dutzendweise Geiseln auf öffentlichen Plätzen aufgehängt. Daneben bestand aber noch ein Geheimbefehl Heydrichs, des Chefs der Sicherheitspolizei, der die Liquidierung der gesamten polnischen Intelligenz vorsah. Als mögliche Keimzelle des Widerstands stand die polnische Intelligenz der geplanten Germanisierung des Landes im Wege. Nach vorsichtigen Schätzungen sind damals den sogenannten „Intelligenz-Aktionen" innerhalb weniger Wochen zwischen 60 000 und 80 000 Menschen zum Opfer gefallen: Professoren, Lehrer, Priester, Ärzte, Richter, Rechtsanwälte, Apotheker, Beamte, Kaufleute. Was als „Sicherung des rückwärtigen Kampfgebiets" ausgegeben wurde, war tatsächlich der Versuch einer systematischen Ausrottung der polnischen Führungsschicht.

So gesehen hatte Huppenkothen in Polen bereits einschlägige Erfahrungen in der nationalsozialistischen „Gegnerbekämpfung" gesammelt, bevor er im Juli 1941 als Oberregierungsrat zum Reichssicherheitshauptamt nach Berlin berufen wurde. Daß

Huppenkothen bereits im Januar 1940 in die höchsten Ränge der SS-Führung aufzusteigen begann, ergibt sich auch aus seiner Teilnahme an einer von Heydrich geleiteten Konferenz, in der die sog. „Absiedlung" von hunderttausenden Polen, Juden und Zigeunern aus dem sog. „Warthegau", d. h. den ins Reich eingegliederten polnischen Westgebieten, beschlossen wurde. Auch Seyß-Inquart[34], Globocznik[35] und Eichmann[36] haben an dieser Konferenz teilgenommen.[37]

Ab Juli 1941 führte Huppenkothen die Spionageabteilung im Reichssicherheitshauptamt. Als der erste Verdacht über eine mögliche Widerstandsgruppe im Amt Ausland/Abwehr aufkam, war es denn auch Huppenkothen, der eine zentrale Rolle bei den Ermittlungen spielte.[38] Er nutzte die Gelegenheit, um gründlich mit den unliebsamen Rivalen im OKW aufzuräumen. In mehreren Verhaftungswellen wurden Mitarbeiter des Amts Ausland/Abwehr festgesetzt. Im Frühjahr 1944 wurde das Amt schließlich ganz aufgelöst.[39] Damit war Huppenkothen am Ziel: Die Zuständigkeiten des Amts Ausland/Abwehr gingen jetzt auf die Abteilung Huppenkothens im Reichssicherheitshauptamt über. Wenig später wurde er zum Regierungsdirektor und SS-Standartenführer befördert.

Wenige Tage vor dem endgültigen „Zusammenbruch" – Huppenkothen hatte seine Aufgaben in Sachsenhausen und Flossenbürg bereits erledigt – begab er sich „zur Truppe" – genauer gesagt: in amerikanische Kriegsgefangenschaft. Er wußte wohl, was ihn bei einer Gefangennahme durch die Rote Armee erwartet hätte: Auslieferung nach Polen und ein Kriegsverbrecherprozeß, aus dem er kaum lebend herausgekommen wäre.

Dreieinhalb Jahre blieb Huppenkothen in amerikanischer Internierungshaft. Seine Kenntnisse über das Reichssicherheitshauptamt dürften damals für die Amerikaner wichtig gewesen sein. Im Januar 1949 auf freien Fuß gesetzt, wurde er zehn Monate später, im Dezember 1949, erneut festgenommen und verbrachte wiederum knapp drei Jahre in Untersuchungshaft. In den darauffolgenden Jahren stand Huppenkothen mehrfach wegen seiner Beteiligung an der Verfolgung und Ermordung der Widerstandskämpfer vor Gericht. Die Anklage lautete nicht auf

Mord, sondern – trotz seiner herausgehobenen Stellung im Reichssicherheitshauptamt – nur auf Beihilfe zum Mord. Das Schwurgericht bei dem Landgericht München sprach ihn von dieser Anklage frei.

Überhaupt scheint dieses erste Münchner Verfahren in einer besonderen Atmosphäre stattgefunden zu haben. Eberhard Bethge, der Freund Dietrich Bonhoeffers, der als einziger aus dem Widerstandskreis überlebte, berichtet, er habe während seiner Zeugenaussage in München in den Verhandlungspausen im gleichen Zeugenzimmer warten müssen wie der Kriminalkommissar Sonderegger[40]. Auch Sonderegger war – obwohl an der Ermordung Bonhoeffers und von Dohnanyis direkt beteiligt – damals nicht als Angeklagter, sondern nur als Zeuge vor Gericht erschienen.[41]

Das Münchner Gericht scheint mit dem Zusammensperren von Tätern und Opfern keine Probleme gehabt zu haben. Dem entspricht auch sein schließlich gesprochenes Urteil, das, wenn es nicht makaber wäre, geradezu kurios erscheinen könnte: Der vom Mordvorwurf freigesprochene Huppenkothen wurde jetzt nämlich nur noch wegen „Aussageerpressung" verurteilt, ferner wegen „gefährlicher Körperverletzung", wegen „Körperverletzung im Amt" und wegen „Mißhandlung Abhängiger". Das Strafmaß setzte das Gericht – unter Anrechnung der Untersuchungshaft – auf dreieinhalb Jahre Zuchthaus fest.[42] Auch Huppenkothen konnte daher das Gericht nach der Urteilsverkündung als freier Mann verlassen.

Der Bundesgerichtshof hob dieses im Ausland mit Empörung aufgenommene Urteil auf und verwies die Sache zu erneuter Verhandlung an das Münchner Gericht zurück. In dieser zweiten Verhandlung benannte Huppenkothen jetzt den Mittäter Dr. Thorbeck als Zeugen dafür, daß die Prozeßregeln in dem „standgerichtlichen Verfahren" beachtet worden seien. Die Staatsanwaltschaft erhob daraufhin auch gegen Thorbeck Anklage wegen Mordbeihilfe. Aber das Schwurgericht München sprach wiederum beide Angeklagten von der Anklage der Beihilfe zum Mord frei. Statt dessen wurden wieder nur Nebendelikte zum Gegenstand der Verurteilung gemacht.

Auf die neuerliche Revision der Staatsanwaltschaft hin hob der Bundesgerichtshof auch dieses Urteil auf und verwies die Sache zu erneuter Verhandlung – diesmal allerdings an das Schwurgericht beim Landgericht Augsburg – zurück. In diesem letzten Verfahren wurden schließlich Thorbeck zu vier Jahren und Huppenkothen zu siebeneinhalb Jahren Zuchthaus wegen Beihilfe zum Mord verurteilt. Thorbeck hat die Strafhaft nicht antreten müssen, weil er gegen das Urteil Revision einlegte. Huppenkothen hingegen mußte – wohl wegen des höheren Strafmaßes – die Strafe trotz des eingelegten Rechtsmittels sogleich antreten. Ihm wurden jedoch zwei Jahre der Untersuchungshaft auf die Strafdauer angerechnet. Wie lange er dann tatsächlich inhaftiert blieb, war nicht zu ermitteln.

Es ist nicht bekannt, wie die Angehörigen der Hingerichteten dieses Urteil aufgenommen haben. Daß Huppenkothen und Thorbeck als „Gehilfen" und nicht als Täter zur Rechenschaft gezogen wurden, entspricht allerdings ständiger Rechtsprechung der Nachkriegsjahre. Der Bundesgerichtshof hat damals mit abenteuerlichen juristischen Konstruktionen die „Gehilfenstellung" auch von NS-Tätern sanktioniert.[43] Damit nutzten die Richter des BGH zugleich die Gelegenheit, die Frage nach der eigenen Verantwortung für Justizverbrechen in der NS-Zeit von sich zu schieben.[44]

Huppenkothen war als Abteilungsleiter im Reichssicherheitshauptamt so hoch gestellt, daß es – auch juristisch – absurd erscheint, von einer „Gehilfenstellung" auszugehen. Im Gegenteil: Nach seiner Funktion war er der wichtigste Gegenspieler der Widerstandsgruppe im Amt Ausland/Abwehr.

Bei dem Eifer seiner Ermittlungen hat vielleicht nicht nur Karrierelust eine Rolle gespielt; es könnte sein, daß ihn – als Sohn eines Werkmeisters – auch die soziale Stellung der Widerstandskämpfer provozierte. Sie alle entstammten adligen oder großbürgerlichen Familien; sie alle gehörten zur Elite des Reichs. Auch Bonhoeffer macht hier keine Ausnahme: Sein Vater, ein international anerkannter Professor der Psychiatrie, war in Anerkennung seiner wissenschaftlichen Leistungen zum 75. Geburtstag von Hitler mit der Goethe-Medaille ausgezeichnet worden.[45] Fünf Tage später, am 5. 4. 1943, wurden sein Sohn Dietrich und sein Schwiegersohn Hans von Dohnanyi verhaftet. Auch Dietrich Bonhoeffers Onkel, der Bruder seiner Mutter, war nicht irgend jemand, sondern der damalige Berliner Stadtkommandant General von Hase.[46] Er war damit Vorgesetzter des Gefängnisdirektors von Berlin-Tegel, wo Bonhoeffer eingeschlossen war.[47]

Huppenkothen wird die soziale Stellung seiner Kontrahenten kaum gleichgültig gewesen sein – schon gar nicht, weil er selber – im Gegensatz zu diesen – dem Regime alles verdankte: Ansehen, Karriere, Macht. Ob er später während seiner Haft hierüber nachgedacht hat, wissen wir nicht. Inzwischen waren immerhin die Gefängnisbriefe Bonhoeffers erschienen, in der Sammlung „Widerstand und Ergebung". Es könnte also immerhin sein, daß auch Huppenkothen inzwischen einiges von dem kennengelernt hatte, was damals seiner Zensur und der des Gefängnisses entgangen war. Ob er Bonhoeffers Gedichte je gelesen hat? Eines dieser Gedichte heißt: „Der Tode des Mose". Bonhoeffer hat es niedergeschrieben, als er am 20. Juli 1944 erfuhr, daß das Attentat auf Hitler gescheitert war.[48]

Der Tod des Mose

Drum schenkst Du mir den Tod auf steilem Berge,
nicht in der Niederung der Menschenzwerge,
. . .
das Streben, über dessen ernsten Grenzen
schon die Fanale neuer Zeiten glänzen.
. . .
Wunderbar hast Du an mir gehandelt,
Bitterkeit in Süße mir verwandelt,
läßt mich durch den Todesschleier sehn
dies mein Volk zu höchster Feier gehn.
Sinkend, Gott, in Deine Ewigkeiten
seh mein Volk ich in die Freiheit schreiten.
Der die Sünde straft und gern vergibt,

Gott, ich habe dieses Volk geliebt.
Daß ich seine Schmach und Lasten trug
und sein Heil geschaut – das ist genug.
Halte, fasse mich! mir sinkt der Stab,
treuer Gott, bereite mir mein Grab.

Die Akten der Verschwörung

In Flossenbürg fungierte Huppenkothen als „Ankläger". Seit mehr als einem Jahr war er mit den Ermittlungen in der Angelegenheit befaßt. Durch die Auffindung der „Zossener Akten" im September 1944 waren der Gestapo lang gesuchte Beweise gegen die Widerstandsgruppe in die Hände gefallen.[49] Über den Inhalt der Zossener Akten berichtete Hans von Dohnanyis Witwe in ihren Aufzeichnungen aus den Jahren 1945/46:[50]

(Mein Mann hatte) während der Zeit seines Ministerreferats im Justizministerium eine Arbeit angefertigt. Es gelangten damals – meist mit dem Befehl Hitlers zur Niederschlagung des Verfahrens – fast alle Skandale innerhalb der Partei oder Parteiorganisation vor den Justizminister persönlich, der sie ausnahmslos meinem Mann übergab. Mein Mann hat unter dem Titel einer „Chronik" ein vollständiges Verzeichnis aller dieser Fälle und somit der kriminellen Taten der Parteigewaltigen in allen Einzelheiten angelegt. Vom Mord und Mordversuch in den Konzentrationslagern, den inzwischen bekannt gewordenen Greueln in diesen Lagern bis zu den üblichen Devisenschiebereien der Gauleiter und den unerfreulichen Schmutzereien innerhalb der HJ und SA-Führung gab es wohl kaum ein Delikt, das in dieser „Chronik" nicht verzeichnet gewesen wäre. Diese Chronik hatte er in Verbindung mit einer Karthothek geführt, die ein Auffinden der Delikte der einzelnen Parteipersönlichkeiten und ihrer Akten ermöglichte. Getarnt waren diese Aufzeichnungen mit einigen besonders prominenten „kriminellen" Fällen innerhalb der Klöster usw., so daß der Anschein der Absichtslosigkeit gewahrt blieb. Er hat im Laufe der Jahre dieses Material ergänzt und vervollständigt. Es waren Reden Hitlers, Berichte über Kriegsgefangenenbehandlung, Filme der Polengreuel, Berichte über die Ursachen zum „Bromberger Blutsonntag", Anweisungen von Goebbels zu den Judenprogromen und mehr derartiges Material. Mein Mann war überzeugt, daß sich diese Berichte durch Erfahrungen aus anderen Ressorts im gegebenen Fall beliebig ergänzen ließen und hat so zu mir gesagt, diese Unterlagen müßten genügen, um jedem, der willens sei zu sehen, die Augen über Hitler und sein Regime zu öffnen.

Die „Chronik" spielte für die Planungen der Widerstandsgruppe eine große Rolle; sie sollte Beweise für das geplante Gerichtsverfahren gegen Hitler liefern und zugleich der Entstehung einer neuen „Dolchstoßlegende" vorbeugen.[51]

Die „Chronik" war zusammen mit anderen kompromittierenden Dokumenten – darunter Aufrufen an die Generalität und das deutsche Volk nach gelungenem Aufstand sowie Planungspapieren zum Putsch – in einem Aktenschrank in Zossen versteckt. Da von Dohnanyi bereits im Frühjahr 1942 gewarnt worden war, daß er unter Beobachtung der Gestapo stehe, vermied er es fortan, nach Zossen zu fahren, wo der Panzerschrank mit den Dokumenten in einem besonders tiefen Keller des damaligen Hauptquartiers stand. Von der Verhaftung ihres Mannes am 5. April 1943 berichtet Christine von Dohnanyi:[52]

Mein Mann hatte den Schlüssel zum Zossener Panzerschrank noch in seinem Panzerschrank im OKW liegen. Zur Tarnung hatte er diesen Schlüssel immer angebunden an eine Mappe, in der verschiedene Zettel mit Bezeichnungen für eindeutig amtliche Akten lagen, außerdem verschiedene Codes für geheime amtliche Schriftstücke; unter diesen befand sich das chiffrierte Verzeichnis des Inhaltes des Zossener Panzerschranks. Roeder[53] und Sonderegger, die verhaftenden Beamten, untersuchten in Gegenwart meines Mannes seinen Panzerschrank auf verbotene politische Dokumente und warfen die Mappe mit dem Schlüssel als rein amtliche Sache wieder in den Schrank zurück. Das hat mein Mann gesehen. Nachdem mein Mann abgeführt war, nahm Oster den Schlüssel sofort an sich.
Ich war mit meinem Mann gleichzeitig zu Hause verhaftet worden und wurde am 30. 4. 1943 wieder entlassen, weil man uns glaubte, daß ich nichts wüßte. Von da ab hatte ich die Möglichkeit, über den Kommandanten des Gefängnisses, Oberstleutnant Maass, mit meinem Mann

Kontakt aufzunehmen. Maass war uns von Sack, der bereits selbst mit ihm während meiner Haft Kontakt aufgenommen hatte, als absolut zuverlässig empfohlen worden.

Die erste Frage, die Maass mir von meinem Mann bestellte, war die, ob mit den Akten alles in Ordnung sei. Ich solle sofort Kontakt mit Oster aufnehmen und ihm sagen, die Dokumente müßten vernichtet werden. Man sei von Gestapo-Seite auf der Suche danach. [. . .] Oster ließ meinem Mann sagen, er könne absolut beruhigt sein. Er habe die Sache in Händen. [. . .] Etwa im August/September fragte mein Mann mich wieder, was denn nun geschehen sei. Ich bat damals Delbrück [54], bei Oster anzufragen. Wenn ich mich recht erinnere, war Oster damals nicht in Berlin, und so übernahm es Perels[55] durch Sack bei Beck[56] anfragen zu lassen.

Beck ließ daraufhin sagen, die Dokumente dürften nicht vernichtet werden, sie seien historisch wichtig. Soweit ich mich entsinne, war Beck damals noch krank bzw. rekonvaleszent, und mein Mann hatte das Gefühl, daß er im Augenblick die Dinge vielleicht nicht übersehe. Er sagte jedenfalls zu mir: „Ich pfeife auf die Historie, sag ihnen: das kostet Köpfe!"

Ich habe daraufhin ein zweites Mal Perels gebeten, zu Sack zu gehen und auf der Vernichtung zu bestehen. Perels berichtete mir: Beck läßt Ihrem Mann sagen, das Material darf nicht vernichtet werden, insbesondere nicht die Sachen von 39/40. Wir müssen später der Welt beweisen können, daß wir nicht erst gehandelt haben, als alles verloren war, sondern bereits als die Welt noch an unseren Sieg glaubte.

Die Zossener Akten sind trotz Dohnanyis Drängen nicht beiseite geschafft, sondern in das Jagdhaus eines Mitverschworenen in der Lüneburger Heide verfrachtet und dort „sechs Meter unter der Erde" versteckt worden. Dort wurden sie von der Gestapo entdeckt. „Von den Sachen ist jeder Zettel ein Todesurteil", hatte von Dohnanyi gesagt, und er hat recht behalten. Über das weitere berichtet seine Frau.[57]

Anfang November bekam ich einen Brief meines Mannes aus dem KZ, aus dessen Chiffre folgender Wortlaut hervorging: „Ein Schwächling muß alles preisgegeben haben, wir müssen Zeit gewinnen." Dann kamen drei Kassiber aus der Prinz-Albrecht-Straße;[58] in einem stand: „Wer der Verräter ist, weiß ich nicht. Es ist mir letztlich auch gleichgültig, aber sie haben alles in der Hand."

Ich habe dann meinen Mann noch zweimal in Berlin im Polizeikrankenhaus bei Dr. Tietze[59] heimlich gesprochen. Er berichtete folgendes: Am 5. Oktober 1944 sei Huppenkothen bei ihm im KZ Sachsenhausen erschienen und habe ihm die Photokopie seines Memorandums an die Generalität von 1939 und eines von ihm für Beck verfaßten Aufrufs an das deutsche Volk [. . .] auf sein Bett geworfen mit den Worten: „Da haben wir, was wir seit zwei Jahren gegen Sie suchen." Mein Mann sagte mir, er habe die Sachen nur an sich genommen und anscheinend in größter Ruhe gefragt: „So haben Sie das? Wo haben Sie denn das her?" Darauf die Antwort Huppenkothens: „In Zossen gefunden." Als mein Mann das nicht glauben wollte [. . .], nannte ihm Huppenkothen (oder Sonderegger) den Namen des Offiziers, der den Aufenthaltsort verraten hat. Huppenkothen hat dann zu meinem Mann gesagt, es habe keinen Sinn, wenn er die Urheberschaft bestreite, die Dinge seien zu eindeutig. Dies hat mein Mann angesichts der Sachlage auch nicht getan.

Man hat dann in jeder Form Druck auf ihn ausüben wollen, die Mitbeteiligten an dem Komplott von 1939/40 zu nennen. Man hat ihn mit schweren Folgeerscheinungen einer Diphtherie ohne jede Hilfeleistung im Keller der Prinz-Albrecht-Straße liegen lassen. [. . .] Man hat ihm, falls er aussagte, Krankenhaus in Freiheit und Kontakt mit der Familie versprochen. Man hat ihm erklärt, die Dinge seien alle am Tageslicht. Er belaste jetzt niemanden mehr, wenn er aussagte. Der Reichsführer[60] wolle nur eine Darstellung von ihm, „wie er die Dinge sähe, die zum 20. Juli geführt hätten". Er hat sich bis zum letzten Tag geweigert und sich hinter seiner Krankheit verschanzt. Er ist dann am 5. April 1945 zurück ins KZ Sachsenhausen gebracht worden und ist nicht wieder zurückgekommen. [. . .]

Ich habe hier die Dinge geschildert, wie ich sie erlebt habe. Ich habe nichts unterdrückt bis auf den Namen des Offiziers, den die Gestapo meinem Mann als Verräter genannt hat. Diesen Namen werde ich nicht nennen, weil mein Mann von mir verlangt hat, diese Gestapoverdächtigung, an die er selbst nicht glauben wollte, niemandem zu sagen.[61] [. . .]

Woher von Dohnanyi die Kraft nahm, zu widerstehen und selbst in so aussichtsloser Lage zu schweigen, wissen wir nicht. Die Berichte von ehemaligen Gefangenen über Folterungen im Reichssicherheitshauptamt sind zahlreich und offenbaren schreckliche Einzelheiten. Ob auch von Dohnanyi physisch gefoltert wurde, ist nicht bekannt; er war am 1. Februar 1945 noch einmal von Sachsenhausen in die Prinz-Albrecht-Straße zurückverlegt worden. Auch nach dem schweren amerikanischen Bombenangriff auf Berlin, der das Reichssicherheitshauptamt fast vollständig zerstörte und das Kellergefängnis weitgehend unbrauchbar machte, wurde Dohnanyi nicht verlegt. Dietrich Bonhoeffer dagegen kam am 6. Februar mit anderen Gefangenen aus der Abwehr ins KZ Buchenwald, während Canaris, Oster und andere prominente Gefangene einen Tag später „auf Transport gingen" zum KZ Flossenbürg. Dohnanyi, krank und gelähmt, blieb in Berlin in einer der letzten abschließbaren Kellerzellen des Reichssicherheitshauptamts. Am 25. Februar gelang es ihm, einen Kassiber an seine Frau zu schicken. Er schrieb:[62]

Ich war bis vor drei Tagen einem Sachbearbeiter[63] überantwortet, der an Brutalität nichts zu wünschen übrig ließ. Er glaubte, mich dadurch klein zu kriegen, daß er mich ohne jede Pflege einfach verwahrlosen ließ. So ging das drei Wochen. Aber ich habe mich aufs Stinken verlassen. Das hat geholfen. [. . .] Es war eigentlich nur komisch und ich habe oft darüber gelacht, wie ich aussah.

Das Bestreben Dohnanyis, seine Frau nicht mehr als nötig zu beunruhigen, ist offensichtlich. Die Wahrheit sah allerdings anders aus. Dohnanyis Zelle war trotz der Januartemperaturen ungeheizt und feucht. Ein Zellennachbar hat im ersten Münchner Verfahren ausgesagt:[64]

Er hat stundenlang geschrien und gebetet, daß man ihm doch Wasser geben möge usw. Da ist er gehöhnt worden vom Wachpersonal.

Da unter diesen Umständen zu befürchten war, daß Dohnanyi vor Abschluß der Vernehmungen „wegsterben" könnte, ordnete Huppenkothen die Behandlung durch Dr. Ense an, einen Häftling aus dem Gefängnis Lehrter Straße, der Arzt war. Später wurde auf Betreiben von Dohnanyis Schwiegervater Professor Karl Bonhoeffer der Chefarzt des Berliner Polizeikrankenhauses, Dr. Albrecht Tietze, zugezogen, der am 19. März die Verlegung des Gefangenen auf die Häftlingsabteilung des Staatskrankenhauses durchsetzte. Er sagte nach dem Krieg vor dem Münchner Schwurgericht über seine erste Begegnung mit Dohnanyi in der Kellerzelle des Reichssicherheitshauptamts aus:[65]

Die Zelle stank nach Kot und Urin. Die Bettwäsche war so schmutzig, daß man kaum seine Hautfarbe erkennen konnte. Ich habe dann gesagt, daß ich in dieser Zelle keine Diagnose stellen könnte. Ich plädierte für die Überführung ins Staatskrankenhaus. Im Staatskrankenhaus konnte ich ihn dann in meinen eigenen Untersuchungsräumen untersuchen und feststellen, daß er völlig abgemagert war, vollkommen verdreckt. Die Fingernägel waren schmutzig und lang, die Haare seit langer Zeit nicht geschnitten. Es war das Bild eines körperlich völlig Verwahrlosten. Wir haben ihn erst einmal einige Tage gesäubert und verpflegt und wieder in Ordnung gebracht.

Als Dr. Ense während seiner Behandlung Sonderegger darauf aufmerksam machte, Dohnanyi sei nicht in der Lage, auf die Toilette zu gehen, erwiderte ihm Sonderegger:[66]

Der Kerl soll ruhig in seiner Scheiße verrecken, er wird schon wieder aufstehen.

Die Hoffnung „wieder aufstehen" zu können, hat auch Dohnanyi nie losgelassen. In dem Kassiber vom 25. Februar 1945 schreibt er an seine Frau:[67]

Ich benutze meine Krankheit als Kampfmittel … Zeitgewinn ist die einzige Lösung. Ich muß sehen, vernehmungsunfähig zu werden. Am besten wäre es, wenn ich eine solide Ruhr bekommen könnte. Eine Kultur müßte im Kochschen Institut für ärztliche Zwecke zu haben sein. Wenn Du eine Speise rot zudeckst, am besten auch noch einen Tintenklecks auf dem Becher, weiß ich, daß ein anständiger Infekt darin ist, der mich ins Krankenhaus bringt. Ich scheue *keine* Krankheit, bin überzeugt, daß ich sie durchstehe. […] Man will jetzt die Sache mit Gewalt abschließen, und das muß verhindert werden. […] Zutt[68] wird Dir vielleicht eine solche Speise herstellen können. Es müßte in nicht allzu ferner Zeit sein, weil man mich sonst womöglich aus Berlin wegbringt.

Ein weiterer Kassiber, wenige Tage später, enthält die Bestätigung, daß die Kultur angekommen ist:[69]

Mit welchem Herzklopfen ich gestern aus dem Koffer den einen rotbemützten Becher auftauchen sah, kannst Du Dir kaum vorstellen. […] Die Vernehmungen gehen fort, und es ist klar, womit ich zu rechnen habe, wenn nicht ein Wunder passiert. Das Elend um mich herum ist so groß, daß ich das bißchen Leben wegwerfen würde, wenn *Ihr* nicht wärt.

Aber der Gedanke an Euch, Deine große Liebe und meine Liebe zu Dir gibt mir einen Lebenswillen, der so stark ist, daß ich manchmal glaube, er *muß* sich durchsetzen – wenn die Welt von Teufeln wär! (oder ob das nur ein Mann dichten konnte, der die Freiheit besaß?) Deswegen habe ich auch vor *keiner* Infektionskrankheit Angst. Ich weiß genau, ich würde mich mit dem Gefühl hinlegen, das ist die Lebensrettung nicht nur für mich, sondern für viele andere auch, deren Sache mit der meinen verbunden ist. Jedenfalls für Dietrich.

Die Sorge um die anderen und die Angst, vielleicht der Folter nicht standhalten zu können und dadurch Dietrich Bonhoeffer oder einen anderen Mitverschworenen zu belasten, muß für Dohnanyi die schwerste Bürde gewesen sein. Er schreibt weiter:

Natürlich habe ich den Diphtherieabstrich sofort in den Mund gesteckt und gründlich ausgekaut, aber aus technischen Gründen war es erst abends um ½ 8 möglich, [. . .] und ich hatte das Gefühl, daß die Watte schon recht trocken geworden war. [. . .] Diphtheriebazillen sind dem Vernehmen nach nicht sehr flüchtig, können aber Austrocknen nicht vertragen, sondern brauchen eine gewisse Feuchtigkeit, um sich zu halten. Inkubationszeit 3–8 Tage. Ich *fürchte*, daß ich immun bin und nichts kriegen werde. Aber Wiederholung liegt durchaus im Bereich des Möglichen. Schick mir ruhig noch einmal eine Kultur, *und wenn Du noch etwas anderes hast, das dazu.* Aber paß ja auf Dich auf!! [. . .] Ich *muß* hier raus und in ein Krankenhaus, *aber so, daß ich nicht weiter vernommen werde!* Ohnmachten, Herzanfälle imponieren nicht, und wenn ich *ohne* neue Erkrankung in ein Krankenhaus komme, ist das sogar gefährlich, weil sie mich dann schnell gesund machen. Sonderegger sagte heute: Es liegt in Ihrem eigenen Interesse, daß die Vernehmungen bald abgeschlossen werden können. Der Reichsführer hat kein Interesse daran, Sie hierzubehalten; er möchte, daß Sie gesund werden. Soll ich das mal in Deutsch übersetzen? Es heißt: Der Reichsführer möchte die Vernehmungen so bald wie möglich abschließen. In der Zeit, in der die Anklageschrift verfaßt wird, sollen Sie in ein Krankenhaus – vielleicht nach Mitteldeutschland oder Bayern (das hängt ganz von der Kriegslage ab) gebracht werden. Dort werden wir Sie schon verhandlungsfähig machen. In der Verfassung, in der Sie jetzt sind, kann man Sie schlecht vor ein Gericht stellen, aber in 4–5 Wochen haben wir Sie dann soweit! Dieses Konzept würde ich den Kerls so gern verderben!

Glaub mir; ich habe die Dinge eigentlich *leider* bisher richtig gesehen, *es gibt keine andere Lösung als eine neue schwere Erkrankung.*

Obgleich die Selbstinfektion nicht gelang, war der Zustand Dohnanyis schließlich so schlecht, daß er in das Polizeikrankenhaus überführt werden mußte. Hierbei spielte wohl auch die Tatsache eine Rolle, daß die „Aufsparung" gerade dieses Gefangenen wichtig erschien. Für den von Himmler zeitweilig erwogenen Separatfrieden mit den Westmächten hätten Dohnanyis Kenntnisse bedeutsam werden können. In seinem Kassiber vom 25. Februar 1945 an seine Frau erwähnt Dohnanyi, daß auch der Leiter des Gefängnisses in der Lehrter Straße ein „Herz für seine Gefangenen" entdeckt habe und nach einem „Anker für die Zukunft angele"; auch sonst erklängen „Sirenentöne".[70] Für Dohnanyi jedenfalls war die Verlegung ins Polizeikrankenhaus ein Segen, vor allem wegen der Nähe zu Dr. Tietze, mit dem er viel sprach. Dr. Tietze berichtete 1946 in einem Brief an die Angehörigen über diese Gespräche und über Dohnanyis Haft in Sachsenhausen:[71]

In Sachsenhausen hatte sich eine Familie um ihn geschart. Junge und alte Männer, die von ihm Hilfe und Trost erwarteten. Er sagte, man könne sich niemals im Leben mit einem fremden Menschen so nahe sein, wie im Gefängnis der unschuldigen Opfer. In seiner Zelle, an seinem Krankenbett, fanden heimliche Treffen statt, bei denen nicht von Politik gesprochen wurde, sondern vom Leben selbst. Es muß eine Stimmung wie bei den ersten Christen in den römischen Gefängnissen gewesen sein.

Auch Dietrich Bonhoeffer hatte Angst vor der Folter, wobei es wohl weniger die Furcht von den körperlichen Qualen gewesen ist, die ihn belastete, als vielmehr die Angst vor dem Zusammenbruch und vor der Preisgabe von Mitverschworenen. Obwohl es nach der Einschätzung von Eberhard Bethge so gut wie sicher ist, daß Dietrich Boenhoeffer nicht physisch gefoltert worden ist, war der seelische Druck ungeheuer stark. Mehrfach wurde ihm bei den Verhören zu verstehen gegeben, daß das Schicksal seiner Braut und das seiner Angehörigen von seinen Aussagen abhänge.[72] Vielleicht war dies der Grund, daß Bonhoeffer während seiner Haft auch an Selbstmord, vor allem aber an Flucht gedacht hat. Die Flucht war bis ins Detail geplant – er hätte das Tegeler Gefängnis mit Hilfe und in Begleitung des Unteroffiziers Knobloch, der zu den Wachmannschaften gehörte, durch ein Nebentor unauffällig verlassen können. Knobloch, ein Hitlergegner,[73] hatte monatelang als heimlicher Kurier zwischen Dietrich Bonhoeffer und seinen Angehörigen fungiert; er hatte von Bonhoeffers Familie bereits ein Paket mit Monteurskleidung für Dietrich sowie Geld und Lebensmittelkarten in Empfang genommen und wäre, so der Plan, gemeinsam mit dem Flüchtling in einer Laubenkolonie im Berliner Norden untergetaucht. Die Verhaftung von Dietrichs Bruder Klaus verhinderte die Flucht im letzten Moment. Knobloch bestellte der Familie, Dietrich habe den Fluchtplan aufgegeben, um die Situation für den Bruder nicht zu erschweren und Eltern und Braut nicht einer zusätzlichen Gefährdung auszusetzen.[74]

Woher also die Kraft, den Folterungen und den Verhörtricks der Huppenkothen und Sonderegger zu widerstehen? Es muß Bonhoeffers Gottvertrauen gewesen sein, das ihm Kraft gegeben hat. Doch solche Vermutungen sind im nachhinein leicht gesagt. Damals stand alles gegen die Verschwörer – auch die Kirche. So hatte die einzige noch lizenzierte kirchliche Zeitschrift *Pfarramt und Theologie* nach dem 20. Juli 1944 geschrieben:[75]

Der furchtbare Tag

Während unsere todesmutigen tapferen Armeen in schwerem Ringen um den Schutz der Heimat und um den endlichen Sieg stehen, hat eine Handvoll vom Ehrgeiz getriebener verruchter Offiziere das furchtbare Verbrechen gewagt und einen Mordanschlag auf den Führer begangen. Der Führer wurde gerettet und dadurch unsagbares Unheil von unserem Volke ferngehalten. Dafür sind wir Gott von Herzen dankbar und bitten mit allen unseren Gemeinden Gott um seinen Beistand und seine Hilfe für die schweren Aufgaben, die der Führer in diesen schwersten Zeiten zu tragen und zu lösen hat.

Schon vier Jahre vorher, im September 1940, hatte Bonhoeffer gegen diese Kirche geschrieben:[76]

Die Kirche war stumm, wo sie hätte schreien müssen. [...] Die Kirche bekennt, die willkürliche Anwendung brutaler Gewalt, das leibliche und seelische Leiden unzähliger Unschuldiger, Unterdrückung, Haß und

Mord gesehen zu haben, ohne ihre Stimme für sie zu erheben, ohne Wege gefunden zu haben, ihnen zu Hilfe zu eilen. Sie ist schuldig geworden am Leben der schwächsten und wehrlosesten Brüder Jesu Christi.

Und später:[77]

Auf der Flucht vor der öffentlichen Auseinandersetzung erreicht dieser oder jener die Freistatt einer privaten Tugendhaftigkeit. Aber er muß seine Augen und seinen Mund verschließen vor dem Unrecht um ihn herum. Nur auf Kosten eines Selbstbetruges kann er sich von der Befleckung durch verantwortliches Handeln rein halten. Bei allem, was er tut, wird ihn das, was er unterläßt, nicht zur Ruhe kommen lassen. Er wird entweder an dieser Unruhe zugrunde gehen oder zum heuchlerischsten aller Pharisäer werden.

Das Augsburger Urteil beschreibt den Zossener Aktenfund und Huppenkothens Rolle bei den Ermittlungen und erwähnt, daß nach dem 20. Juli 1944 im Reichssicherheitshauptamt eine Sonderkommission, bestehend aus mehreren Vernehmungsgruppen, gebildet worden war. Diese „Vernehmungsgruppen" waren dem Leiter des Amtes IV, Gruppenführer Müller[78], dem direkten Dienstvorgesetzten Huppenkothens, unterstellt und koordinierten ihre Arbeit in täglichen Lagebesprechungen. Huppenkothen war zunächst nur Leiter einer dieser Vernehmungsgruppen und führte die Ermittlungen gegen Oster, von Dohnanyi und Canaris. Schließlich wurde er aber auch zum Leiter der Auswertung für die gesamten Ermittlungen berufen. Über den Zossener Aktenfund heißt es im Augsburger Urteil:[79]

Es befanden sich darunter vermutlich:
Aufzeichnungen hinsichtlich der Staatsstreich-Vorbereitungen aus dem Jahre 1938, teilweise von der Hand Osters;
Niederschriften über die Ergebnisse der Verhandlungen mit der britischen Regierung über den Vatikan;
eine zusammenfassende Darstellung von der Hand des Generaloberst Beck über die Lage nach dem Polenfeldzug;
eine Studie aus der Hand von General Oster über die Durchführung eines Staatsstreiches;
Teile des Tagebuchs von Admiral Canaris mit Aufzeichnungen über Angelegenheiten der Widerstandsbewegung und mit Notizen über

Frontreisen zu verschiedenen Kommandeuren, um diese für den Umsturz zu gewinnen;
Korrespondenzen über die bereits erwähnte Tätigkeit Bonhoeffers und dgl. mehr.

Mit der Sichtung und Auswertung des Zossener Materials, das die gesamten Ermittlungen auf eine neue Grundlage stellte, wurde unmittelbar nach Auffindung der Angeklagte Huppenkothen beauftragt. Er fertigte – soweit ersichtlich – zur Vorlage an Hitler einen umfassenden Bericht, dem in zwei Anlagebänden Photokopien der Originalurkunden beigefügt waren. Der Bericht, der sicher über 100 Seiten hatte (allerdings in der bei „Führervorlagen" vorgesehenen besonders großen Schreibmaschinenschrift), war in wenigen Exemplaren ausgefertigt worden. Der Angeklagte Huppenkothen erklärt, daß außer Hitler lediglich Himmler, Kaltenbrunner[80], und Gruppenführer Müller je ein Exemplar erhielten; der Bericht sei in der höchsten Geheimhaltungsstufe („Geheime Reichssache – Ministersache") behandelt worden.

Entgegen der bis dahin geübten Beschleunigung wurde nun in der Ermittlungstätigkeit (nach Angaben des Angeklagten Huppenkothen auf Weisung Hitlers selbst) einer besonderen Gründlichkeit der Vorzug gegeben;[81] die Verfahren wurden nicht mehr sogleich nach Überführung einer einzelnen Persönlichkeit an den Volksgerichtshof abgegeben; es wurden vielmehr im Bereich der Ermittlungsgruppe des Angeklagten Huppenkothen – teilweise durch ihn selbst, teilweise durch Vernehmungsbeamte wie S.[82] – wiederholte eingehende Vernehmungen durchgeführt, so insbesondere gegen Admiral Canaris, General Oster, Reichsgerichtsrat von Dohnanyi und Pastor Bonhoeffer. Seit der Jahreswende 1944/45 verzögerten sich die Ermittlungen mehr und mehr: Ermittlungen im Ausland wurden unmöglich; aber selbst im Inland waren die Nachrichtenverbindungen und die Verkehrsmöglichkeiten erheblich eingeschränkt; zudem war am 3. Februar 1945 durch einen Luftangriff auf Berlin das Gebäude in der Prinz-Albrecht-Straße so in Mitleidenschaft gezogen worden, daß das Hausgefängnis kaum mehr benutzt werden konnte. Die hierdurch bedingte Verlegung der Beschuldigten nach verschiedenen Orten schränkte die Vernehmungsmöglichkeiten weiter ein. Außerdem waren die Dienststellen des Reichssicherheitshauptamts selbst an verschiedenen Stellen in Ausweichquartieren nur notdürftig untergebracht worden.

Bei der Lektüre dieser Formulierungen stellt sich dem Leser des Augsburger Urteils die beklemmende Frage, warum die Richter von „eingehenden Vernehmungen" sprechen, wo sie zuvor doch selber erwähnten, im Reichssicherheitshauptamt sei beim Verhör gefoltert worden. Aus solchen und ähnlichen Formulierungen entsteht der fatale Eindruck, das Gericht habe vielleicht auch die Zerstörung des Reichssicherheitshauptamts durch die alliierten Bomber gleichsam als Eingriff in die „ordnungsgemäße" Abwicklung der dortigen Verfahren angesehen. Das Gericht – oder zumindest der Verfasser der Urteilsgründe – läßt in seiner Ausdrucksweise immer wieder eine Nähe zu den Schilderungen der Angeklagten erkennen und fährt fort:[83]

Hitler selbst hielt sich nach geschichtlichen Quellen seit Februar 1945 ununterbrochen in Berlin in seinem Bunker in der Reichskanzlei auf. Lagebesprechungen fanden um diese Zeit meist zweimal täglich, und zwar in der Mittagszeit und um Mitternacht, in diesem seinem Hauptquartier statt.
Die militärische Lage wurde von Tag zu Tag aussichtsloser. Anfang April 1945 standen (nach einem Wehrmachtsbericht vom 9. April 1945 – „Völkischer Beobachter" vom 10. April 1945, Titelseite) die Verbündeten in Wien, bei Ratibor, in der Danziger Bucht, in Holland, zwischen Weser und Ems, bei Minden und Hannover, bei Hildesheim, im Thüringer Wald, bei Schweinfurt, Crailsheim und in Pforzheim. Demgegenüber arbeiteten aber in den nicht besetzten Gebieten Deutschlands die Behörden weiter; selbst die Zentralbehörden versuchten, ihren Dienstbetrieb aufrechtzuerhalten. Volksgerichtshof und Reichskriegsgericht waren um diese Zeit in Berlin noch in Tätigkeit. Das Reichskriegsgericht wurde erst Mitte April 1945 nach Torgau verlegt.

Zu diesem Zeitpunkt waren prozeßordnungsgemäße Verfahren wegen der allgemeinen Auflösungserscheinungen unmöglich geworden. Die alliierten Panzer waren bereits zu nahe gekommen, um noch ein reguläres juristisches Spektakel inszenieren zu können. Das einzige, was jetzt noch möglich blieb, war eine notdürftig als „Prozeß" verkleidete Hinrichtung und der Versuch, den Verschworenen in letzter Stunde noch weitere Namen zu entwinden.

Die letzten Tage in Berlin

Juristisch betrachtet wäre für die Verschwörer, da sie aus dem Militär kamen, das Reichskriegsgericht zuständig gewesen. Wie die anderen Militärangehörigen der Verschwörung hatte man auch die Gefangenen von Flossenbürg „unehrenhaft" aus der Wehrmacht ausgestoßen, um die Zuständigkeit des „schlagkräftigeren" Volksgerichtshofs zu begründen. Aber zu einem Verfahren vor dem Volksgerichtshof ist es nicht mehr gekommen, denn auch dieses Gericht lag bereits in Trümmern, und sein Präsident Freisler war von einem Bombensplitter getötet worden. Am Tag zuvor hatte Freisler noch seine letzten Todesurteile verkündet – auch gegen Klaus Bonhoeffer, den älteren Bruder von Dietrich.[84]

Eberhard Bethge, der sich zu dieser Zeit ebenfalls in Gestapo-Haft befand, berichtet über den Tag des Todesurteils gegen Klaus Bonhoeffer:[85]

Am Nachmittag des 2. Februar verkündete Freisler im Volksgerichtshof, unweit des Potsdamer Platzes, das Todesurteil über Klaus Bonhoeffer und Rüdiger Schleicher,[86] zugleich auch über Friedrich Justus Perels[87] und Hans John.[88] Am Abend dieses Tages wurden sie aus den Zellen des Gefängnisflügels B in der Lehrter Straße – meine Zelle lag den ihren in Sichtweite gegenüber – in den Flügel D verlegt, in welchem ein Korridor für die „Todeskandidaten" vorgesehen war.
Am nächsten Morgen, Sonnabend in der Frühe, machte sich Ursula Schleicher mit ihrer Tochter Dorothee auf, um den Oberreichsanwalt E. Lautz wegen des Todesurteils zu sprechen. Zugleich fuhr der Bruder

ihres Mannes, Dr. med. Rolf Schleicher aus Stuttgart, damals Ober-
stabsarzt, der zum Termin seines Bruders nach Berlin gekommen war,
in die Stadt, mit der Absicht, sogleich ein Gnadengesuch abzugeben. Als
er im unterirdischen S-Bahnhof am Potsdamer Platz anlangte, wurde
niemand mehr nach oben gelassen. Der schwerste Tagesangriff der Alliierten, der je auf das Berliner Stadtzentrum geflogen worden ist, nahm
seinen Anfang. Zwei Stunden lang folgte Staffel auf Staffel am strah-
lendblauen Winterhimmel und verwandelte das Stadtgebiet vom Tier-
garten ostwärts in eine Wüstenei von Rauch und Asche. Sämtliche Ver-
sorgungsbetriebe fielen aus.

Nach dem Angriff lief Rolf Schleicher zum nahen brennenden Volksgerichtshof hinüber. Da rief man den an seiner Uniform kenntlichen Arzt
und führte ihn in den Hof des Gebäudes. Er sollte sich eines Prominenten annehmen, der zu spät über den Hof gelaufen und von einem Split-
ter getroffen worden war. Rolf Schleicher konnte aber nur noch den Tod
des Mannes feststellen; es war Roland Freisler, dessen letzte Todesurteile tags zuvor Rolfs Bruder Rüdiger, Klaus Bonhoeffer, Perels und
Hans John gegolten hatten. Das Ansinnen, den Totenschein auszustel-
len, lehnte er ab, bis man ihn zum Justizminister Thierack führte. Dieser
war sehr bestürzt über das merkwürdige Zusammentreffen und sagte
Rolf Schleicher zu, daß eine Vollstreckung des Todesurteils aufgescho-
ben und nach Einreichung eines Gnadengesuches das Urteil überprüft
werden sollte. Stunden später vermochte Rolf Schleicher wieder in die
Marienburger Allee[89] zu gelangen; er trat ins Zimmer mit den Worten:
„Der Lump ist tot!" Ursula Schleicher mit ihrer Tochter hatte inzwischen nichts ausrichten können; sie waren zu Fuß zur Lehrter Straße
gelaufen, um festzustellen, daß das Gefängnis unversehrt geblieben
war. Ihren Mann durfte sie erst einige Tage später sehen. Zum Tode
verurteilte Häftlinge sollten eigentlich ständig Handfesseln tragen,
doch die Wachmannschaften wagten es manchmal, diese Anordnung
außer acht zu lassen; auch sie hatten gemerkt, daß diese Männer nach
dem Urteil viel gelassener waren, als während der Zeit, in der man sie
noch verhörte.

Als die Verurteilten in die Lehrter Straße zurückgebracht wurden, sah sie auch Eberhard Bethge auf dem Gang des Gefängnisses. Rüdiger Schleicher war sein Schwiegervater, Klaus Bonhoeffer der Bruder seines besten Freundes. Er schreibt:[90]

Als mich der Vater erblickte und ich mich dem Ereignis gegenüber völlig hilflos fühlte, winkte er freundlich herauf und lächelte so herzlich, daß ich vollends verwirrt wurde. Klaus grüßte herauf, indem er sich mit einem kaum merklichen Ruck aufrichtete, wie um mir zu zeigen, wie man sich nun zu verhalten habe.

Über das Ende von Klaus Bonhoeffer, Rüdiger Schleicher und Friedrich Justus Perels, die nicht mehr „auf Transport" geschickt, sondern in Berlin behalten wurden, schreibt Eberhard Bethge:[91]

Klaus Bonhoeffer fürchtete eine Wiederaufnahme des Verfahrens fast mehr als das Warten auf die Urteilsvollstreckung. Auf einem Zettel vor der Verkündung des Todesurteils steht zu lesen:
„Ich fürchte mich nicht vor dem Erhängtwerden, aber ich möchte diese Gesichter nie mehr sehen [. . .] Dieses Maß von Verkommenheit [. . .] Ich möchte überhaupt lieber sterben, als diese Gesichter noch mal zu sehen. Ich habe den Teufel gesehen, das werde ich nicht los."
Als nach dem Urteil Karl-Friedrich Bonhoeffer seinen Bruder in der Sprechzelle der Lehrter Straße besuchte, erzählte ihm Klaus, er habe die Matthäuspassion bei sich auf dem Klapptisch. Karl-Friedrich meinte, es sei doch schön, daß er bei der Lektüre der Noten die Musik hören könne. Klaus antwortete: „Ja, aber auch den Text! Den Text!"
Die Abschiedsbriefe, die er an die Eltern, an seine Frau und an die Kinder geschrieben hat, sind erhalten geblieben. Darin heißt es:
„Die Hoffnung, daß wie durch ein Wunder die Familie ganz unversehrt aus dem großen Unglück hervorgeht, wage ich nicht auszusprechen. Es geht ja längst wie eine Naturkatastrophe über die Menschen hinweg, und die Natur ist verschwenderisch. Ich glaube aber, daß das Ungewitter über unserem Hause bald vorübergeht. Die Verfolgungen werden ein Ende haben, und den Überlebenden wird es sein wie den Träumenden . . .
Ich will ja nicht nur leben, sondern mich eigentlich erst einmal auswirken. Da dies nun wohl durch meinen Tod geschehen soll, habe ich mich auch mit ihm befreundet. Bei diesem Ritt zwischen Tod und Teufel ist der Tod ja ein edler Genosse. Der Teufel paßt sich den Zeiten an und hat wohl auch den Kavaliersdegen getragen. So hat ihn dann die Aufklärung idealisiert. Das Mittelalter, das auch von seinem Gestank erzählte, hat ihn besser gekannt.
Es ist jedenfalls eine sehr viel klarere Aufgabe, zu sterben, als in verworrenen Zeiten zu leben, weshalb seit je die glücklich gepriesen wurden, denen der Tod als Aufgabe bestimmt war."

Ein Exekutionskommando des Reichssicherheitshauptamts holte – wohl nach sehr kurzfristigen Beschlüssen von SS-Gruppenführer Müller – in der Nacht vom 22. auf den 23. April sechzehn Häftlinge in der Gestapo-Abteilung des Gefängnisses in der Lehrter Straße ab, unter dem Vorwand, sie würden zwecks Freilassung in eine andere Unterkunft verlegt. Nach hundert Metern haben die SS-Männer dann im „Ulap-Gelände" beim Lehrter Bahnhof die Gruppe niedergeschossen, unter ihnen Klaus Bonhoeffer, Rüdiger Schleicher, Hans John, Friedrich Justus Perels und Albrecht Haushofer.[92]

Das „Standgerichtsverfahren"
in Sachsenhausen

Zwei Wochen zuvor hatte bereits für Dietrich Bonhoeffer und Hans von Dohnanyi der letzte Akt der Tragödie begonnen. Äußerer Anlaß hierfür war wieder ein Aktenfund: Der in Zossen, dem ehemaligen Ausweichquartier des Amtes Ausland/Abwehr, einquartierte General Walter Buhle entdeckte Anfang April in einem Panzerschrank noch weitere Tagebücher von Canaris.[93] Buhle übergab die Fundstücke dem Chef des Reichssicherheitsdienstes, dem SS-Standartenführer Rattenhuber. Rattenhuber – er trug tatsächlich diesen Namen – händigte dann die Akten Kaltenbrunner, dem Chef des Reichssicherheitshauptamts, aus. Damit begann das Ende.

Kaltenbrunner legte Hitler am 5. April 1945 die Tagebücher in der Mittagsbesprechung im „Führerhauptquartier" vor. Dieser las sofort einige der markierten Stellen und befahl nach dem üblichen Wutanfall die „sofortige Vernichtung der Verschwörer". Die seit Anfang Februar aus der Prinz-Albrecht-Straße in das KZ Buchenwald verlegten „Sonderhäftlinge" wurden nun erneut auf Transport gebracht, da dieses KZ bereits unmittelbar von Panzerspitzen der Alliierten bedroht war. Als noch „sicherer" Ort wurde das KZ Flossenbürg ausgewählt, wo sich bereits Oster und Canaris befanden. Nur der nicht mehr transportfähige von Dohnanyi wurde erneut in das vor den Toren Berlins gelegene KZ Sachsenhausen überstellt.

Unmittelbar vor seinem Abtransport hatte Dohnanyi das Glück, noch einmal seine Frau zu sehen. Dies verdankte er Dr. Tietze, zu dem sich sehr bald ein Vertrauensverhältnis entwickelt hatte und der insgeheim Christine von Dohnanyi benachrichtigte. Dr. Tietze versuchte sogar, ihm in der letzten Nacht vor dem Abtransport die Flucht zu ermöglichen. Dohnanyi sollte ihn entweder anschießen und allein fliehen oder er wollte gemeinsam mit Dohnanyi untertauchen.[94] Dohnanyis Familie sollte vorher in Sicherheit gebracht werden; Freunde hätten die beiden aufgenommen und versteckt. Auch Christine von Dohnanyi hatte sich bereits in das verabredete Versteck begeben.

Tatsächlich ist Dr. Tietze in der letzten Nacht vor dem Abtransport zur Wohnung der Dohnanyis gefahren, um die Kinder in Sicherheit zu bringen. Vor dem Hause angelangt, entdeckte er jedoch zwei Männer, offensichtlich Gestapo-Beamte, so daß er seinen Plan aufgeben mußte. Ins Krankenhaus zurückgekehrt, versuchte er vergeblich, Dohnanyi dazu zu bewegen, ihn anzuschießen und allein zu fliehen. Aber Dohnanyi wird an seine Kinder gedacht haben und lehnte ab. Er wurde in den frühen Morgenstunden von Sonderegger abgeholt. Über jene letzten Stunden Dohnanyis heißt es im Augsburger Urteil:[95]

Die Zeugin hat ihren Ehemann Reichsgerichtsrat von Dohnanyi durch ein Entgegenkommen des behandelnden Arztes im Polizeikrankenhaus in Berlin am Donnerstag den 5. April 1945 zum letzten Mal gesehen. Dieses Datum ist der Zeugin deswegen mit absoluter Sicherheit in Erinnerung, weil bei diesem Besuch bereits bekannt war, daß ihr Ehemann am nächsten Tag wegtransportiert werden sollte und die beiden Eheleute hieran schon damals die Vermutung knüpften, daß sie sich nun zum letzten Mal sehen würden.

Dr. Tietze hat schließlich als letztes Mittel noch versucht, seinen Patienten durch Injektion einer hohen Dosis eines Betäubungsmittels transportunfähig zu machen. Er berichtete hierüber später im ersten Huppenkothen-Prozeß als Zeuge vor dem Schwurgericht München:[96]

Nachdem er am frühen Morgen des 6. April von seinem vergeblichen Ausflug nach Sakrow (Wohnung der Familie Dohnanyi) zurückgekehrt war und Dohnanyi nicht dazu habe bewegen können, allein zu fliehen, habe er ihm zwei Tabletten Luminal (mindestens 0,5 Gramm) verabreicht und 5 Gramm Morphium-Tabletten mitgegeben. Morgens zwischen vier und sechs Uhr sei Sonderegger erschienen und habe ihn nicht mehr zu Dohnanyi gelassen. Er habe sich dann etwa eine halbe Stunde mit Sonderegger unterhalten und gefragt, was das bedeuten solle. Sonderegger habe gesagt, es gehe zur Hinrichtung. Auf Tietzes Vorhalt, es habe noch kein Verfahren gegen Dohnanyi stattgefunden, sagte Sonderegger, das sei egal, Dohnanyi habe sich gegen den „Führer" vergangen und sei das „geistige Haupt des 20. Juli" gewesen. Dohnanyi sei dann von zwei Pflegern, die Sonderegger begleiteten, in ein Auto getragen worden. Er habe aufgrund der verabreichten Dosis Luminal tief geschlafen.

Über die weitere Entwicklung heißt es in den Augsburger Urteilsgründen:[97]

War schon die am Dienstag, den 3. April 1945 erfolgte Verlegung von Häftlingen aus dem KL Buchenwald (bei Weimar) offensichtlich dem Vorsatz entsprungen, keinen dieser Häftlinge in die Hände der heranrückenden Alliierten fallen zu lassen, so veranlaßte nun die weitere Entwicklung der Kriegslage neue Entschlüsse. Am Donnerstag, den 5. April 1945, ergingen von Kaltenbrunner dementsprechende Anweisungen; hierbei wurde er jedenfalls von Gruppenführer Müller beraten, und es wurde mindestens die Billigung Hitlers eingeholt; möglicherweise gab Hitler entsprechende Befehle. Ob Himmler eingeschaltet war, ist fraglich. Diese Anweisungen hatten folgenden Inhalt: Gegen von Dohnanyi sollte im KL Sachsenhausen-Oranienburg bereits am nächsten Tage, Freitag, den 6. 4. 1945, ein Standgericht zusammentreten. Ebenso sollte gegen Canaris, Oster, Dr. Sack, Gehre und Bonhoeffer ein Standgericht stattfinden, und zwar am Sonntag, den 8. 4. 1945 in Flossenbürg, wo sich die Mehrzahl der Genannten ohnedies bereits befand. [. . .]
Im einzelnen ergingen am Donnerstag, dem 5. 4. 1945, und zwar im Laufe des Nachmittags, folgende Anweisungen: Der Angeklagte Huppenkothen wurde davon verständigt, daß er am folgenden Tage, Freitag, den 6. 4. 1945 morgens sich mit den erforderlichen Unterlagen im KL Sachsenhausen einzufinden habe, um dort an dem Standgerichtsverfahren gegen von Dohnanyi, dessen Beginn auf 9 Uhr festgesetzt war, als Ankläger teilzunehmen. Kriminalkommissar S(onderegger) wurde damit beauftragt, am Morgen des 6. 4. 1945 von Dohnanyi aus dem Polizeikrankenhaus in Berlin nach Sachsenhausen-Oranienburg zu brin-

gen. Bei einem SS- und Polizeigericht wurde ein SS-Richter angefordert, der als Vorsitzender das Standgericht zu leiten hatte. Der KZ-Kommandant Sachsenhausen-Oranienburg wurde von dem beabsichtigten Verfahren verständigt. Gleichzeitig wurde ihm bekanntgegeben, daß er als Beisitzer bestimmt werde. Auf telefonischem Wege wurde der im Reichtssicherheitshauptamt tätige SS-Oberführer und Oberst der Polizei S(omann) zu Kaltenbrunner und Müller befohlen; von diesen erhielt er noch am Nachmittag des 5. 4. ein Exemplar der nach dem Zossener Material gefertigten „Führervorlage" zur Einsicht und Unterrichtung; es wurde ihm dabei bekanntgegeben, daß er ebenfalls als Beisitzer in dem Standgerichtsverfahren gegen von Dohnanyi bestimmt sei.

Dem Angeklagten Huppenkothen wurde gleichzeitig bekanntgegeben, daß er auch in Flossenbürg die Anklage zu vertreten habe und daß er sich – unter Mitnahme entsprechenden Aktenmaterials – zusammen mit einem Transport von Gefangenen [. . .] am Samstag, den 7. 4. nach Flossenbürg zu begeben habe. Bereits an diesem Tage wurde auch die Ehefrau des Angeklagten Huppenkothen – möglicherweise unmittelbar fernmündlich durch Gruppenführer Müller – davon verständigt, daß sie mit diesem Transport nach Bayern ausweichen könne.

Nur wenige hatten zu diesem Zeitpunkt, als Berlin bereits unmittelbar bedroht war, das Glück, die Stadt noch motorisiert verlassen zu können. Der Gefangenentransport, dem sich Huppenkothen und seine Frau anschlossen, kam aus der Gestapo-Abteilung des Gefängnisses in der Lehrter Straße. Es waren Sicherheitsgefangene, die auf keinen Fall in die Hände der Alliierten fallen sollten. Wahrscheinlich war beabsichtigt, auch ihr Leben in letzter Stunde als Faustpfand für Feilschereien um einen Separatfrieden mit den Westalliierten zu benutzen. Bevor Huppenkothen an jenem Aprilmorgen mit dem Gefangenentransport nach Süden seine Frau in Sicherheit bringen konnte, mußte er jedoch erst noch seinen Auftrag in Sachsenhausen erledigen. Hierüber erklärte er in seiner Einlassung vor dem Augsburger Gericht:[98]

Der Auftrag sei ihm deshalb unangenehm gewesen, weil er von Dohnanyi seit langem kannte und er als Polizeibeamter überdies bis dahin niemals vor Gericht in ähnlicher Funktion (d. h. als Ankläger) aufgetreten sei; derartige Einwendungen hätte aber Müller (Huppenkothens direkter Dienstvorgesetzter) unter Hinweis auf seine – des Angeklagten Huppenkothens – Sachkenntnis nicht gelten lassen. Ob bei dieser Gelegenheit darüber gesprochen wurde, welche Strafe gegen von Dohnanyi zu beantragen wäre, gibt Huppenkothen an, nicht mehr zu wissen; doch sei es ihm völlig klar gewesen, daß nach dem vorliegenden Belastungsmaterial nur die Todesstrafe in Betracht kommen konnte, wie auch das Standgericht nur auf diese, wenn es überhaupt auf Strafe erkannte, erkennen konnte.

Über den weiteren Gang des „unangenehmen" Verfahrens hat sich Huppenkothen wie folgt eingelassen:

Am nächsten Tage [. . .] habe er sich zum vorgesehenen Zeitpunkt mit seiner Sekretärin, der Zeugin von Ti(lly), in das KL Sachsenhausen-Oranienburg begeben. Dort sei er mit den übrigen Beteiligten des Standgerichtsverfahrens, wie auch mit dem Zeugen Kriminalkommissar S. zusammengetroffen. Den erschienenen SS-Richter – an seinen Namen könne er sich nicht mehr entsinnen – habe er sodann mit dem Gegenstand des Verfahrens vertraut gemacht und in die mitgebrachten Akten eingewiesen.

Auffällig ist, daß es dem Gericht offenbar nicht gelungen ist, den fraglichen SS-Richter zu identifizieren, der auch den Vorsitz im Verfahren geführt haben soll. Dies ist darauf zurückzuführen, daß Huppenkothen den Betreffenden gedeckt und seinen Namen nicht preisgegeben hat. Auch die Identität Thorbecks hatte er ja zunächst verschwiegen und erst in einem späteren Zeitpunkt des Verfahrens offenbart, nachdem er sich davon den Nachweis einer prozessual „korrekten" Durchführung des Verfahrens erhoffte. Über den Verlauf des „Prozesses" in Sachsenhausen berichtet das Urteil:

Die Verhandlung fand sodann in einem Raum eines Gebäudes der Lagerkommandantur statt. von Dohnanyi, der an Lähmungserscheinungen nach einer überstandenen Diphtherie litt, wurde auf einer Bahre liegend vor einem Tisch, an dem das Standgericht Platz genommen hatte, abgestellt. Ein Verteidiger war nicht bestellt, ein Protokollführer nicht zugezogen worden. Nachdem Huppenkothen die Anklage wegen Hoch- und Kriegsverrats erhoben hatte, wurde von Dohnanyi gehört. Das Gericht, bestehend – wie befohlen – aus dem SS-Richter, dem KL-Kommandanten Kaindl und dem SS-Oberführer S(omann)[99] hielt im Anschluß an die Verhandlung eine geheime Beratung. Es wurde sodann das Todesurteil gegen von Dohnanyi verkündet, wie es von Huppenkothen beantragt worden war. Daß von Dohnanyi in dem Standgerichtsverfahren, dessen Dauer nicht mehr abgeschätzt werden kann, zu den Anklagevorwürfen gehört und zu einem letzten Wort zugelassen wurde, darf als sicher gelten; ebenso ist festgestellt, daß das Urteil von dem SS-Richter schriftlich niedergelegt wurde. Reichsgerichtsrat von Dohnanyi wurde zu einem unbekannten Zeitpunkt, jedoch alsbald nach dem Standgerichtsverfahren, in Sachsenhausen-Oranienburg getötet.

Wieder stellt sich bei diesen Ausführungen Beklommenheit ein: Woher wollen die Richter wissen, daß eine „geheime Beratung" stattgefunden hat? Woher, daß der gelähmte von Dohnanyi zu einem „letzten Wort zugelassen", woher, daß das Urteil „schriftlich niedergelegt" wurde? Warum folgen sie so umstandslos den Behauptungen des Angeklagten? Huppenkothen versuchte aus naheliegenden Gründen, immer wieder darzulegen, alles sei „mit rechten Dingen zugegangen". Aber wieso müssen derartige Schutzbehauptungen in die Tatbestandsfeststellungen des Urteils aufgenommen werden?

Dem Augsburger Gericht standen doch immerhin auch andere Zeugenaussagen zur Verfügung. Huppenkothens Sekretärin Tilly hatte beispielsweise in früheren Aussagen vor der Polizei erklärt, Huppenkothen habe ihr „nie etwas von der Abhaltung eines Standgerichts in Sachsenhausen" gesagt.[100] Auch Dr. Tietze berichtete später, Sonderegger habe beim Abtransport Dohnanyis auf die ausdrückliche Frage hin nicht von einem „Verfahren", sondern nur von der „Hinrichtung" gesprochen.[101] Wieso ist also das Gericht so sicher, in Sachsenhausen habe tatsächlich ein reguläres Verfahren stattgefunden?

Huppenkothen selbst ist in seiner mit idyllischer Ordnungsfreude beschriebenen Schilderung noch ein paar Schritte weitergegangen. Über seine Einlassung heißt es:[102]

Man habe sodann gegen von Dohnanyi, der der Verhandlung gut habe folgen können, ausführlich und eingehend verhandelt; nach dem Ergebnis dieser Verhandlung und nach der eigenen Einlassung des Reichsgerichtsrates von Dohnanyi habe an dem Ausgang des Verfahrens kein Zweifel sein können. Tatsächlich habe das Standgericht schließlich auch – entsprechend seinem Antrage – nach einer länger dauernden Beratung das Todesurteil wegen Hoch- und Kriegsverrats verkündet. Nach Beendigung der Verhandlung sei er – Huppenkothen – unter Mitnahme der Akten und einer Urteilsabschrift – das Urteil wurde von dem SS-Richter der Zeugin von Ti(lly) diktiert – nach Berlin zurückgefahren, habe dort fernmündlich und sodann auch mündlich seinem Vorgesetzten, dem Gruppenführer Müller, Bericht erstattet. Über den weiteren Gang des Verfahrens, eine etwaige Bestätigung und Vollstreckung des Urteils, habe er nichts erfahren. Vielmehr sei mit der Rückgabe der Akten an Müller seine Tätigkeit beendet gewesen. Von der erfolgten Hinrichtung des Reichsgerichtsrats von Dohnanyi habe er erst nach Kriegsende erfahren.

Die Akten befinden sich wieder am Ort. Der Fall ist erledigt. Daß in Berlin schon das Granatfeuer der Roten Armee zu hören ist, tut nichts zur Sache – Hauptsache, die Akten sind in die Registratur zurückgekehrt. Was Huppenkothen ansonsten über das „Verfahren" berichtet – Dohnanyi habe „gut folgen" können, es sei „eingehend" verhandelt und das Urteil erst nach „länger dauernder Beratung" verkündet worden – hat er offenbar sorgfältig mit den Zeugen abgesprochen: mit seiner Sekretärin Tilly, mit dem beisitzenden SS-Oberführer Somann und seinem Gehilfen Sonderegger. Auch diese Zeugen haben ihrerseits abenteuerliche Behauptungen über das angebliche „Verfahren" aufgestellt.

So erklärte Somann, Dohnanyi habe zwar auf einer Bahre hereingetragen werden müssen, sei aber dennoch „verhandlungsfähig" gewesen; Sonderegger ergänzte, Dohnanyi sei sogar „sehr frisch" gewesen, und will ihn gefragt haben: „Dohnanyi, wie geht's? Sie sind mutig?" Daraufhin habe Dohnanyi geantwortet: „Es wird schon gehen." Dohnanyi habe „vollkommen klare Augen gehabt".[103] Später hat Sonderegger dann allerdings auch eingeräumt, Dohnanyi sei „am Vormittag in einem die Verhandlungsfähigkeit ausschließenden Zustand" gewesen und man habe ihn nicht vernehmen können. Er habe dann jedoch auf der Krankenstation des KZ Sachsenhausen bis zum Verhandlungsbeginn um zwei Uhr geschlafen und sei anschließend sehr „aufgeräumt" gewesen. In der Verhandlung habe er die ausdrückliche „Frage, ob er Einwendungen gegen die Rechtmäßigkeit, Form und Zusammensetzung des Standgerichts habe, verneint".[104]

Der Beisitzer Somann hat ähnliche Schutzbehauptungen aufgestellt und erklärt, Dohnanyi habe auf die Frage des Vorsitzenden des Standgerichts, ob er denn zugebe, sich fortwährend des Landes- und des Hochverrats schuldig gemacht zu haben, mit „jawohl" geantwortet.[105] Die Unwahrheit solcher Behauptungen liegt auf der Hand, denn gerade Dohnanyi hat bei seiner Verteidigung um jeden Zentimeter gekämpft.[106] Daß er jetzt, in letzter Stunde, den Kanonendonner der heranahenden Front im Ohr, die Verteidigung aufgegeben hätte, ist undenkbar.

Auch der Bundesgerichtshof hat sich in seinem ersten Revisionsurteil mit der Frage befaßt, ob das behauptete „Standgerichtsverfahren" in Sachsenhausen überhaupt stattgefunden habe, und hat untersucht, ob das „gerichtliche Gesicht" gewahrt worden sei oder ob es sich um ein reines Scheinverfahren gehandelt habe. In den Urteilsfeststellungen von 1952 – mit dieser Entscheidung war das erste Urteil des Münchner Schwurgerichts aufgehoben worden – heißt es zur Frage der Verhandlungsfähigkeit Dohnanyis in Sachsenhausen:[107]

Zweifel nach dieser Richtung (Verhandlungsfähigkeit) ergaben sich aus folgenden [. . .] Umständen: Dr. Tietze, der Dr. von Dohnanyi im Polizeikrankenhaus behandelt hatte, verabreichte in der Absicht, die Verhandlungsunfähigkeit von Dohnanyis herbeizuführen und dadurch die Durchführung des Verfahrens zu verhindern oder wenigstens zu verzögern, gegen Mitternacht vor dem Verhandlungstage dem Kranken 0,3 Gramm Luminal und gab die Weisung, ihm gegen 2 bis 3 Uhr nochmals 0,2 Gramm Luminal zu verabreichen. Aufgrund des Gutachtens eines Sachverständigen erlangte das Schwurgericht (München) die Überzeugung, von Dohnanyi sei jedenfalls am Mittag oder Nachmittag des 6. April 1945 nicht mehr so schlaftrunken gewesen, daß nicht gegen ihn hätte verhandelt werden können.

Auf den gleichen Standpunkt stellte sich später auch das Augsburger Gericht und folgte somit wiederum den Behauptungen der Täter. Bemerkenswert ist hierbei, daß im Augsburger Urteil als Beweis für die Glaubwürdigkeit Huppenkothens auch die Zeugenaussage des Beisitzers am „Standgericht" angeführt wird, der freilich das gleiche Interesse an der Behauptung von Dohnanyis angeblicher „Verhandlungsfähigkeit" hatte wie Huppenkothen. Auch Somann stand in Augsburg übrigens keineswegs als Mittäter, sondern lediglich als Zeuge vor Gericht. Es heißt:[108]

Hinsichtlich der Standgerichtsverhandlung gegen von Dohnanyi im KL Sachsenhausen-Oranienburg decken sich die Angaben des Angeklagten Huppenkothen im wesentlichen sowohl mit der Aussage der Zeugen S(onderegger) als auch mit der Aussage des Zeugen S(omann). Für die Feststellung, daß Reichsgerichtsrat von Dohnanyi während der Sitzung des Standgerichts zu irgendeinem Zeitpunkt verhandlungsunfähig gewesen wäre, bestehen keine ausreichenden Anhaltspunkte. Zwar sagt der Zeuge S(onderegger) aus, daß er auf der Hinfahrt über den Zustand von Dohnanyis besorgt gewesen sei; demgegenüber erklärt aber S(omann), daß von Dohnanyi der Verhandlung in allen Punkten gefolgt sei und sich energisch verteidigt habe, soweit dies nach der Beweislage möglich gewesen sei.

An der Zusammensetzung des Standgerichts [. . .] können nach den Aussagen des Zeugen S(omann) kaum Zweifel bestehen. Dasselbe gilt hinsichtlich der übrigen Umstände (rechtliches Gehör, letztes Wort, geheime Beratung, schriftliche Urteilsabfassung) auf Grund der Aussagen der vorgenannten Zeugen S(onderegger) und S(omann) wie schließlich auch der Zeugin von Ti(lly).[109]

Was von Charakter und Glaubwürdigkeit des Zeugen Sonderegger zu halten sei, scheint auch dem Augsburger Gericht nicht ganz zweifelsfrei gewesen zu sein. Es heißt in den anschließenden Urteilsfeststellungen:[110]

Über den weiteren Ablauf im Verfahren gegen Reichsgerichtsrat von Dohnanyi konnte das Schwurgericht keine volle Klarheit gewinnen. Zwar erklärt der Zeuge S(onderegger), er habe nach einiger Zeit – sicher vor dem Besuch der Ehefrau von Dohnanyi bei ihm (um den 14. oder 15. April 1945) – eine Urteilsausfertigung mit Bestätigungsvermerk Kaltenbrunners und mit dem Vollzugsvermerk der Vollstreckung in die

Hand bekommen. Der Zeuge S(onderegger) gibt auch ohne weiteres zu, der Zeugin von Dohnanyi bei dieser Gelegenheit vorgespiegelt zu haben, ihrem Ehemann „gehe es gut", obwohl ihm die erfolgte Hinrichtung bereits bekanntgeworden war. Er habe dies getan, um sich den Gemütsausbruch der Zeugin zu ersparen, wisse aber bestimmt, daß eine Benachrichtigung an die Zeugin hinausgegangen sei, die Frau von Dohnanyi nach ihrer Aussage aber nie erhalten hat.

Christine von Dohnanyi ist nach dem Krieg ein Zusammentreffen mit Huppenkothen nicht erspart geblieben. In seinen ersten Vernehmungen nach dem „Zusammenbruch" mußte Huppenkothen auch vor dem Nürnberger Ankläger Robert W. M. Kempner aussagen. Auf Kempners Frage, wie er denn „heute über diese ganze Sache (Ausmerzung der Familie Bonhoeffer) denke", hatte er nur zur Antwort, es sei „ja schließlich Hochverrat gewesen, was sie gemacht haben". Anschließend hatte Kempner dann von Dohnanyis Witwe Christine in das Vernehmungszimmer gerufen; sie sagte aus:[111]

Am 6. April 1945 wurde mein Mann vom Polizeikrankenhaus abgeholt und ihm gesagt, er sei der Haupttäter im Widerstand gegen Hitler. Es wurde ihm nicht gesagt, wohin er gebracht wurde. Mein Mann war so schwer krank, daß ein Sanitäter mitgeschickt wurde. Der Mann war so anständig und sagte mir, daß mein Mann nach Sachsenhausen kommt, dann hörte ich, daß er in einem Sonderbunker in der Zelle 51 unter Gestapobewachung eines Obersturmbannführers Zimmermann bis zum 17. April gelegen hätte. Hierauf sei er mit unbekanntem Ziel abgeholt worden.

Wie von Dohnanyi zu Tode gebracht wurde, ist unklar. Insassen des KZ Sachsenhausen berichteten später vom Hörensagen, er sei halb bewußtlos von der Bahre weg aufgehängt worden.[112]

Das „Standgerichtsverfahren"
in Flossenbürg

Mit dem „Urteilsspruch" endete Huppenkothens Auftrag in Sachsenhausen. Er hatte sich nun noch in Marsch nach Flossenbürg zu setzen, um den letzten Akt der tragischen Farce zu exekutieren. Begleitet von seiner damals schwangeren Ehefrau schloß sich ihr Wagen auf der Autobahn am Stadtausgang von Berlin dem Gefangenentransport nach Süden an. Als Termin für die Abfahrt war „wegen der Fliegerbedrohung" 3 oder 4 Uhr in der Frühe gewählt worden. Die Fahrt ging über Hof, weil Huppenkothen zunächst in einer „Ausweichstelle" des Reichssicherheitshauptamts „weitere erforderliche Akten" abholen wollte. Die überall von Fliehenden verstopften Straßen hat wahrscheinlich ein Begleitkommando freigeräumt – für den Gefangenen-Transportwagen mit den Sicherheitshäftlingen aus der zerbombten Reichshauptstadt und für die schwarze Limousine des Todesboten.

Wo sich Huppenkothens Ehefrau nach der Ankunft in Flossenbürg aufhielt, ob sie während der folgenden Stunden, in denen sich der „Prozeß" abspielte, im Lager oder in der SS-Offizierssiedlung vor dem Lager geblieben ist, wissen wir nicht. Sie hat ihren Mann jedenfalls nach der Erledigung seines Dienstgeschäfts noch verabschiedet. Es heißt im Augsburger Urteil:[113]

Am Morgen des 9. April 1945 wurde gegen 4 Uhr im KL Flossenbürg der von G. geleitete Transport von Häftlingen nach Dachau marschfertig gemacht. Die Ehefrau des Angeklagten Huppenkothen blieb diesem Transport weiter angeschlossen, ihr Wagen wurde, um Treibstoff zu sparen, vom Gefangenen-Transportwagen in Schlepp genommen; der Angeklagte Huppenkothen verabschiedete sich hierbei von seiner Ehefrau.

Nach seiner Ankunft in Flossenbürg stellte Huppenkothen fest, daß einer der wichtigsten Gefangenen fehlte: Dietrich Bonhoeffer befand sich nicht im Arrestbau des Lagers. Überlebende Häftlinge berichteten später, ihre Zellentüren seien an jenem Tag aufgerissen worden, und man habe sie gefragt: „Sind Sie Bonhoeffer?" Durch ein Versehen der Wachmannschaften war Bonhoeffer im 160 Kilometer entfernten Schönberg bei einer anderen Gruppe von Gefangenen geblieben, die zuvor ebenfalls aus Buchenwald evakuiert worden war. Aber noch immer funktionierten der bürokratische Apparat und die Fernmeldeverbindungen.

Über den Transport nach Schönberg und den letzten Sonntag im Leben seines Freundes berichtet Eberhard Bethge:[114]

Endlich, im Morgenlicht des 6. April, ließen die Wächter ihre Schützlinge heraus (der Gefangenen-Transportwagen war mit einer Panne auf der Strecke liegengeblieben), daß sie sich die Beine vertreten und sich aufwärmen konnten. Gegen Mittag erschien endlich aus Regensburg ein Ersatzfahrzeug, ein Autobus mit heilen Fenstern. Die Habseligkeiten wurden umgeladen. Bonhoeffer hatte immer noch Bücher bei sich. Die schon ganz menschlich gewordenen Buchenwald-Wächter mußten bei dem Wrack zurückbleiben, zehn neue Leute des SD (Sicherheitsdienstes) übernahmen mit ihren Maschinenpistolen den Transport. Aber es war dennoch ein Genuß, im schöneren Bus durch das liebliche Tal zu fahren, von der Donau herauf, am Kloster Metten vorbei in Stifters Bayrischen Wald hinein. Den Dorfmädchen, die mitgenommen werden wollten, erzählte der Fahrer, die Gruppe in dem feinen Omnibus sei eine Filmgesellschaft zur Aufnahme eines Propagandafilms. Aus einem Bauernhaus holten sich die SS-Männer eine Mütze voll Eier, aber nur für sich selber.
Am frühen Nachmittag war das Ziel erreicht: Schönberg unterhalb Zwiesel, 40 km nördlich von Passau. An der Schule begann das Ausladen; die Sippenhäftlinge waren schon da. Die Gruppe der „Fälle" kam in

den ersten Stock, in einen Schulsaal, dessen Fenster den Blick nach drei Seiten in das grüne Bergtal freigaben. Hier standen richtige Betten mit farbigen Decken. Zwar blieb die Tür verschlossen, aber es war nun hell und warm. Bonhoeffer saß lange im offenen Fenster und sonnte sich, plauderte mit Pünder[115] und lernte Russisch mit Kokorin.[116] Er hatte sein Bett neben diesem. Alles war angeregt, man lachte und schrieb seinen Namen über das Bett. Nur die Verpflegungsfrage war nicht gelöst. Beschwerden stießen auf die sicher nicht unrichtige Erklärung, der Ort sei mit Flüchtlingen überfüllt und ein Fahrzeug zu Requisitionen nicht aufzutreiben und das Benzin dazu erst recht nicht. Freilich gab es später Benzin und Fahrzeuge für andere Zwecke. Schließlich gelang aber über die freier gehaltenen Sippenhäftlinge ein Kontakt zu mitleidigen Dorfbewohnern; darauf gab es sogar einmal eine große Schüssel mit dampfenden Pellkartoffeln und am anderen Tag einen Kartoffelsalat für die hungrigen Häftlinge.

Der Sonnabend wurde zu einem ruhigen, schönen Tag. Er begann damit, daß Payne Best[117] aus seinem Gepäck einen elektrischen Rasierapparat hervorkramte und jeder der Männer sich an dem Steckkontakt des Klassenzimmers mit dem erlesenen Gerät rasieren konnte. Der weiße Raum ließ sogar kleine Spaziergänge zu. Jeder nahm an, daß bei der allgemeinen Verwirrung im Lande keine Verfahren mehr zustande kommen würden. Inzwischen aber arbeitete anderswo die Apparatur des Reichssicherheitshauptamts ungeahnt exakt weiter. Sie war sogar noch imstande, bereits unterlaufene Versehen zu korrigieren.

Das Versehen hatte darin bestanden, Bonhoeffer nicht nach Flossenbürg zu überführen. Über das, was auf die Entdeckung des Fehlers folgte, schreibt Bethge:[118]

Man fragte in der Nacht zum Sonntag in mehreren Zellen nach, ob der Insasse nicht vielleicht doch der von Buchenwald überstellte Bonhoeffer sei. Schlabrendorff[119] wurde zweimal angeschrien: „Sie sind doch Bonhoeffer!" Ebenso erging es Josef Müller[120] und Liedig.[121] Er war nicht da. So mußte er in dem Transport nach Süden geblieben sein. Der Fehler in der Nacht vom 3. zum 4. in Weiden war jedoch zu korrigieren. In dieser Organisation funktionierte noch der Wagenpark und die Benzinversorgung, um ein Transportkommando den mindestens 160 km langen Berg-und-Tal-Weg nach Schönberg hin- und zurückfahren zu lassen.

In Schönberg beging man den Weißen Sonntag auch in der Schule, in der die Gefangenen untergebracht waren. Pünder hatte den Einfall, Bonhoeffer um eine Morgenandacht zu bitten. So berichten Pünder, Best und

Falconer[122]. Aber dieser wollte nicht. Die Mehrzahl der Kameraden war katholisch. Und da war der junge Kokorin. Bonhoeffer hatte seine Berliner Anschrift gegen dessen Moskauer ausgetauscht, aber mit einem Gottesdienst wollte er ihn nicht überfallen. Dann aber war Kokorin dafür, und so hielt Bonhoeffer auf allgemeinen Wunsch die Andacht. Er las die Texte zum Sonntag Quasimodogeniti, sprach Gebete und legte seinen Kameraden die Losung des Tages aus: „Durch seine Wunden sind wir geheilt" (Jes. 53,5) und „Gelobet sei Gott der Vater unseres Herrn Jesu Christi, der uns nach seiner großen Barmherzigkeit wiedergeboren hat zu einer lebendigen Hoffnung durch die Auferstehung Jesu Christi von den Toten" (1. Petr. 1,3). Er sprach von den Gedanken und Entschlüssen, welche diese Gefangenschaft in allen hatte reifen lassen. Nach diesem Gottesdienst wollten die Sippenhäftlinge Bonhoeffer in ihren Saal herüberschmuggeln, um dort auch eine Andacht zu haben. Aber es dauerte nicht lange, als die Tür geöffnet wurde und zwei Zivilisten riefen: „Gefangener Bonhoeffer, fertigmachen und mitkommen!"

Er konnte noch seine Sachen zusammenraffen. Mit einem stumpfen Bleistift schrieb er in übergroßen Buchstaben seinen Namen mit der Anschrift in den Plutarch[123] vorn, hinten und in der Mitte. So ließ er den Band liegen, damit er im späteren Chaos eine Spur zeigen möge. Einer der Söhne Goerdelers[124] hat das Buch dann an sich genommen und nach Jahren als das letzte vorhandene Lebenszeichen der Familie Bonhoeffer übergeben. Es war das gleiche Buch, das er am 17. Januar erbeten und am 7. Februar noch im Reichssicherheitshauptamt erhalten hatte.

Payne Best trug er Grüße an den Bischof von Chichester[125] auf, wenn er seine Heimat erreichen sollte. „Das ist das Ende – für mich der Beginn des Lebens" waren die letzten Worte, die uns Best überliefert. Eilig lief er die Treppe hinunter und empfing noch einen Abschiedsgruß von Frau Goerdeler. Die Fahrt an diesem Sonntag muß bis in die späten Abend hinein gedauert haben.

Über die Ereignisse an diesem Abend in Flossenbürg sind wir wiederum nur durch Huppenkothens und Thorbecks Angaben unterrichtet. Ob es in Flossenbürg tatsächlich das behauptete „Verfahren" und einen „dritten Richter" gegeben hat, ist ungewiß.[126] Freilich spricht die juristische Ausbildung Huppenkothens und Thorbecks dafür, daß gewisse formale Regeln bei der Tötungsprozedur beachtet wurden. Hauptziel des Verfahrens war freilich nicht die Abwicklung eines Strafprozesses, sondern der Versuch, aus den Todgeweihten in letzter Stunde noch weitere Informationen herauszupressen. Anders wäre nicht zu erklären, daß das „Gericht" während der „Verhandlung" selbst vor der Anwendung physischer Gewalt nicht zurückschreckte. Über die Aussagen Huppenkothens zu seinem Vorgehen in Flossenbürg vermerkt das Augsburger Urteil:[127]

Die Verhandlungen in einem Raum innerhalb der Kommandantur-Gebäulichkeiten seien im wesentlichen ebenso abgelaufen wie im Falle von Dohnanyi in Sachsenhausen-Oranienburg. Das Standgericht sei mit drei Richtern besetzt gewesen. Den zweiten Beisitzer kenne er – Huppenkothen – sehr wohl; seinen Namen wolle er aber nicht preisgeben. Habe er schon – um ein Standgericht überhaupt glaubhaft zu machen – den Vorsitzenden T(horbeck) in der ersten Hauptverhandlung benennen und diesem hierdurch die größten Unannehmlichkeiten bereiten müssen, so wolle er dies jedenfalls diesem Beisitzer ersparen.

Das Ende

Über den letzten Weg der Verurteilten gibt es den Bericht eines Mitgefangenen, der in Augsburg auch als Zeuge vernommen worden ist. Es handelt sich um die Zeugenaussage des dänischen Oberst Hans M. Lunding, der in Flossenbürg in der Nachbarzelle von Admiral Canaris festgehalten worden war. Über seine Aussage in Augsburg berichtet das Urteil:[128]

Der Zeuge L(unding) war (und ist) Leiter des dänischen Nachrichtendienstes. Als solchem war ihm – wie er angibt, aus einer Lichtbilderkartei, wie auch von einem Besuch in Kopenhagen – das Aussehen seines deutschen Gegenspielers Admiral Canaris bekannt. Oberst L(unding) war im August 1943 verhaftet worden und befand sich seit dem 5. Juni in Flossenbürg in der Zelle 21 des Kommandanturarrestes. Diese Zelle lag etwa $1/3$ Weges zwischen der Mitte des Gebäudes und dem westlichen Ende. Die Zellentür hatte sich, wie der Zeuge anschaulich erklärt, in ihrer Füllung so weit verzogen, daß ein geringer Spalt die Sicht nicht nur auf den Gang des Gebäudes, sondern auch durch ein schräg links gegenüber befindliches Fenster in beschränktem Umfange auf den nördlich vorgelagerten Hofraum, in dem sich die Hinrichtungsstätte befand, freigab.

Admiral Canaris war am 7. Februar 1945 nach Flossenbürg verbracht worden und in die neben der Zelle L(unding)s gelegene Zelle 22 gelegt worden. Während der ganzen Zwischenzeit hatte Oberst L(unding), der die deutsche Sprache einwandfrei beherrscht, nur einmal Gelegenheit gehabt, mit Canaris von Angesicht zu Angesicht ein paar Worte auszutauschen. Die beiden Offiziere begannen aber bereits vorher, als L(unding) von einem Wachmann in Erfahrung gebracht hatte, daß neben ihm Canaris lag, alsbald laufenden Gedankenaustausch. Der Zeuge L(unding) bekundet weiter, daß mit dem Morsealphabet dies nicht möglich war, da Canaris dieses offenbar nicht genügend beherrschte, daß man sich aber auf ein „Gefängnissystem" geeinigt habe. Dieses bestand darin, daß die 25 Buchstaben des Alphabets in Kolonnen zu je 25 untereinander geschrieben werden[129] und die Buchstaben mit je zwei Klopffolgen nach ihrer horizontalen und vertikalen Einordnung bestimmt werden. Mit diesem System hat der Zeuge, wie er völlig glaubwürdig bekundet, des öfteren einwandfrei und zuverlässig mit Canaris Verbindung aufnehmen können.

Am Sonntag, den 8. April machte nun der Zeuge L(unding) folgende Beobachtung, (wobei er über das Datum orientiert war, überdies den Sonntag an dem veränderten Dienstbetrieb einwandfrei erkannte): Gegen 20 Uhr wurde die Zelle Canaris' aufgeschlossen und Canaris nach Abnahme der Fesseln – dies konnte der Zeuge deutlich hören – [130] weggeführt. Etwa gegen 22 Uhr wurde Canaris sodann in seine Zelle zurückgebracht und wieder gefesselt. Nachdem sodann im Zellenbau Ruhe eingetreten war, verständigte sich der Zeuge unter Anwendung des erwähnten Klopfsystems mit Canaris etwa ³/₄ bis eine Stunde lang. Der Inhalt der Mitteilungen Canaris war nach der auch insoweit völlig glaubwürdigen Aussage des Zeugen folgender: Es sei nun zu Ende; „er" hätte seine Nase gebrochen oder „man habe ihm" die Nase gebrochen; gegen Deutschland habe er nichts Unrechtes getan; L(unding) möchte, wenn er mit dem Leben davonkomme, seine Frau verständigen.

Nachdem der Zeuge L(unding) sodann von etwa 1 Uhr bis 6 Uhr morgens geschlafen hatte, wurde es im Arrestbau laut. Der Zeuge gibt an, daß er nun Wahrnehmungen machte, die ihm schon damals völlig klar werden ließen, daß Canaris an diesem Morgen, und zwar gegen 6 Uhr, hingerichtet wurde. Das Datum (Montag, den 9. April 1945) ist dem Zeugen schon damals außerordentlich denkwürdig erschienen und zwar deswegen, weil „der deutsche Gegenspieler" sein Leben lassen mußte am Jahrestage des Einmarsches der deutschen Truppen in Dänemark. Daß Canaris hingerichtet wurde, ergab sich für Oberst L(unding) aus folgenden einwandfreien Beobachtungen: Die Türe der Zelle 22 wurde aufgeschlossen. Der Zeuge hörte sodann die Befehle „Mitkommen!" und – vor der Schreibstube – „Alles ausziehen!". Der Zeuge hörte das klatschende Geräusch nackter Füße auf dem Steinboden des Ganges und sah den weißen Oberkörper und das graue Haar – es konnte nach den ganzen Umständen kein anderer als Canaris sein – durch den Spalt der

Türfüllung. Im übrigen wurden vom Zeugen anschließend noch weitere gleichartige Beobachtungen hinsichtlich des Aufsperrens von Zellentüren und des Herausrufens von Leuten gemacht, so daß für ihn klar war, daß Canaris nicht allein hingerichtet wurde, sondern noch weitere Hinrichtungen vorgenommen wurden. Die Hinrichtungsaktion, deren der Zeuge in den vorhergehenden Monaten schon viele in dieser Weise beobachtet hatte, dauerte in diesem Fall nach seiner Meinung etwa eine halbe Stunde. In seine Zelle kehrte Canaris nach der bestimmten Beobachtung des Zeugen nicht zurück. Als L(unding) im Laufe des Vormittags einen Wachmann fragte, warum sie den Admiral hingerichtet hätten, antwortete dieser: „Er ist kein Admiral, er ist ein ‚Verbrecher' oder ‚Schwein' oder dergleichen."

Ob Huppenkothen darüber vernommen wurde, wer Canaris beim Verhör das Nasenbein zertrümmert hat, ist aus dem Augsburger Urteil nicht ersichtlich. Er wird Kenntnisse darüber freilich ebenso geleugnet haben wie seine Teilnahme an den Exekutionen. Vielleicht hat er ja auch selber zugeschlagen? Seine Verurteilung wegen „schwerer Körperverletzung im Amt" und „Gefangenenmißhandlung" spricht dafür, daß er wohl nicht zimperlich gewesen ist. Freilich dürften die höheren Beamten im Reichssicherheitshauptamt die Schmutzarbeit eher den niedrigen Chargen überlassen haben. Es wird also kaum zu ermitteln sein, wer Canaris während der Vernehmung zusammengeschlagen hat, und es ist auch unklar, ob die anderen Gefangenen im „Prozeß" noch körperlich mißhandelt wurden. Ein als Zeuge vernommener ehemaliger Flossenbürg-Häftling, der bei Dr. Fischer als Arztschreiber und Leichenträger eingesetzt war, berichtete jedenfalls, daß bei den sechs Leichen, die er persönlich mit weggeschafft hatte, auch eine Leiche dabeigewesen sei „mit einer großen verletzten Nase".[131]

Huppenkothen war – entgegen seiner eigenen wiederholten Behauptung – bei der Erwürgung der Opfer zugegen. Fischer, der Lagerarzt, hat – wie eingangs erwähnt – hierzu eindeutig ausgesagt: Verwechslungen sind ausgeschlossen, denn er hatte ja gerade erst im Offizierskasino Huppenkothens Bekanntschaft gemacht und sich seiner wegen des hohen von ihm bekleideten Rangs im Reichssicherheitshauptamt genau erinnert. Aber bemerkenswert ist doch, mit welcher Dreistigkeit sich die am Mord Beteiligten später vor Gericht gedeckt haben. Mit einem gewissen Ingrimm erwähnt das Augsburger Urteil die Aussage eines ehemaligen Rapportführers von Flossenbürg; es heißt dort:[132]

Ohne jeden Beweiswert ist die widerwillige Aussage des Zeugen Ge(ißberger), der als Rapportführer im KL Flossenbürg nach seinen eigenen Angaben an der Hinrichtung teilnahm. Auf die Frage, ob Huppenkothen ebenfalls an der Hinrichtung teilnahm, erklärte er: „Huppenkothen kann an der Hinrichtung teilgenommen haben, er kann aber auch nicht daran teilgenommen haben."

Man muß diese Aussage mit eigenen Augen gesehen haben – was im damals vom Bayerischen Rundfunk gedrehten Dokumentarfilm möglich ist –, um zu verstehen, gegen welche kaum verhüllte Kameraderie das Gericht ermitteln mußte. Das Grinsen des in oberbayerischer Trachtenjoppe auftretenden und keineswegs verunsicherten Zeugen spricht eine deutliche Sprache. Der Betrachter des Films hat ohnehin oft den Eindruck, daß die alten Kameraden ihrer Sache sehr sicher sind. Charakteristisch in diesem Zusammenhang ist eine Szene, in der Huppenkothen, in einem unbeobachteten Augenblick gefilmt, aufspringt und laut gegen die Kamera protestierend und gestikulierend mit dem Ausruf: „Herr Vorsitzender, ich wünsche das nicht!" die Verletzung seiner Persönlichkeitsrechte moniert.

So kompromißlos jede Verletzung von Persönlichkeitsrechten von Angeklagten – auch von Angeklagten wie Huppenkothen und Thorbeck – zu verurteilen ist, so macht es doch beklommen zu sehen, wie zuvorkommend die Mörder von Flossenbürg in Augsburg behandelt wurden. Ihnen hatte es offenbar nichts ausgemacht, daß Canaris die Nase zertrümmert wurde, – aber jetzt, da sie Rechenschaft ablegen sollen, ist ihnen keine Lüge zu platt, keine Entschuldigung zu schäbig, keine Schutzbehauptung zu durchsichtig, um sie nicht doch vorzutragen.

Das Augsburger Gericht hat die Angeklagten zwar verurteilt; aber viele Formulierungen im Urteil signalisieren Verharmlosung, wenn nicht gar Verständnis. Daß die Angeklagten nicht als das verurteilt wurden, was sie eigentlich waren – nämlich als Mörder –, sondern daß sie trotz ihrer herausgehobenen Stellung nur als Mordgehilfen vor Gericht standen, ist freilich nicht den Augsburger Richtern zur Last zu legen. Das oberste deutsche Nachkriegsgericht, der Bundesgerichtshof, hatte hier bereits eindeutige Richtlinien aufgestellt, an die sich die Augsburger Richter gehalten haben.

Joachim Perels bezeichnete diese Entwicklung treffend als „schrittweise Rechtfertigung der NS-Justiz". [133] Man könnte in der Beschreibung dieser, für die deutsche Nachkriegsgeschichte tragisch versäumten Selbstreinigung der Justiz aber auch noch weiter gehen. Denn das, was der Bundesgerichtshof 1956 im Huppenkothen-Verfahren in seine Urteilsgründe geschrieben hat, unterscheidet sich in manchen Punkten gar nicht wesentlich von dem in Flossenbürg ergangenen „Urteil". Die Urteilsgründe des Bundesgerichtshofs lassen eine indirekte Bestätigung der Justizverbrechen vom April 1945 erkennen und damit eine zweite Verurteilung derer, die dem „Rad in die Speichen gefallen waren".

Die zweite Verurteilung

Das Augsburger Gericht kommt – entsprechend den Wegweisungen des Bundesgerichtshofs – zu folgendem Ergebnis:[134]

Das Schwurgericht konnte aus den sämtlichen, ihm bekannt gewordenen Umständen den eindeutigen Schluß ziehen, daß die Standgerichtsverfahren gegen von Dohnanyi, Canaris, Oster, Dr. Sack, Gehre und Bonhoeffer nicht angeordnet wurden, um die Wahrheit zu erforschen und Recht und Gerechtigkeit walten zu lassen, sondern einzig zu dem Zwecke, unbequem gewordene Häftlinge unter dem Schein eines gerichtlichen Verfahrens beseitigen zu können.
Dies ergibt sich aus der Art und Durchführung dieser Verfahren:
1. Es wurde ein Standgericht eingesetzt, obwohl die Einsetzung eines Standgerichtes nur aus militärischen Gründen seine Rechtfertigung erfährt; nach dem in der Kriegsstrafrechtsverordnung nicht ausdrücklich normierten – allgemeinen Begriffe des Standgerichts kommt dieses in Betracht bei Ahndung eben begangener schwerer Straftaten, deren sofortige Aburteilung notwendig ist, um die allgemeine Ordnung und die Sicherheit der Truppe zu gewährleisten und aufrechtzuerhalten. Hiervon konnte bei den lange zurückliegenden Taten der Häftlinge keine Rede sein; es ist auch ausgeschlossen, daß deren weiteres Verbleiben in Haft, ja selbst ihre Befreiung durch die Alliierten eine Bedrohung von Ordnung und Sicherheit sein konnte.
2. Es wurde ein Standgericht eingesetzt, dem nicht militärische Richter, sondern lediglich SS-Führer angehörten, obwohl alle fünf Männer der Kriegsgerichtsbarkeit und nicht der SS- und Polizeigerichtsbarkeit unterstanden. Es mag dahinstehen, ob Hitler als oberster Befehlshaber der Wehrmacht und der SS und Polizei rein formell eine solche Anordnung

treffen konnte. Es ist zuzugeben, daß die Grenzen zwischen den beiden verschiedenen Gerichtsbarkeiten infolge der sich überstürzenden Ereignisse in den Frontgebieten verwischt waren.

3. Zu Beisitzern wurden nicht etwa irgendwelche SS-Führer, sondern jeweils auch die Kommandanten der betreffenden Konzentrationslager bestimmt; bei diesen handelte es sich aber um Personen, denen ein menschliches Leben, insbesondere aber, wenn sie hierin einen Gegner des Regimes vermuteten, weniger als ein Nichts bedeutete.

4. Die Verfahren wurden jeweils ausgerechnet in Konzentrationslagern durchgeführt. Hierbei mußten im Falle von Dohnanyi alle Beteiligten mit Ausnahme des Kommandanten des Konzentrationslagers Sachsenhausen-Oranienburg von auswärts dorthin kommen bzw. gebracht werden. Statt das Standgericht in Berlin abzuhalten, wo ein SS-Richter ebenso zur Verfügung stand wie von Dohnanyi, Huppenkothen und S(omann) ohnedies in Berlin weilten, wurde offenbar die Stätte der vorgesehenen Hinrichtung zum Gerichtsort bestimmt.

5. Die Bestellung eines Verteidigers für die Angeklagten wurde in Kenntnis dessen, daß es mit Zusammentritt des Standgerichts ohnedies zu spät dafür sein mußte, von der das Standgericht anordnenden Stelle entgegen der in § 51 Kriegsstrafrechtsverordnung in der Fassung der II. Durchführungsverordnung vom 11. 1. 1945 enthaltenen strengen Sollvorschrift nicht einmal ins Auge gefaßt.

Man gewinnt den Eindruck, das Augsburger Gericht hätte Huppenkothen und Thorbeck freigesprochen, wenn sie das Verfahren statt in den Konzentrationslagern in Berlin durchgeführt, wenn sie „ordnungsgemäße" Bestätigungen der „Urteile" vor der Hinrichtung eingeholt und wenn sie die „strengen Sollvorschriften vom Januar 1945" beachtet hätten.[135]

„Ungeklärt" blieb zwar für das Augsburger Gericht, wer die Abhaltung eines Standgerichts angeordnet hatte, ob sie von Hitler selbst ausgegangen war oder ob er lediglich einen Hinrichtungsbefehl gegeben und Kaltenbrunner sodann die entsprechenden Anordnungen getroffen hatte. Jedenfalls habe man es im Reichssicherheitshauptamt offenbar für zweckmäßig gehalten, die Hinrichtung durch ein „formelles Urteil" zu decken, das auch „aktenmäßig nachweisbar" sei. Als „Oberster Gerichtsherr" sei Hitler aber „an sich befugt" gewesen, im Falle der „militärischen Notwendigkeit" ein Standgericht einzusetzen.

Auch seien unter Berücksichtigung der „rechtsgeschichtlichen Gegebenheiten" solche Gerichte „als übergesetzliche Einrichtungen durchaus anzuerkennen". Freilich sei mit dem Verfahren in Flossenbürg kein anderer Zweck verfolgt worden als „den Schein – aber auch lediglich den Schein – des Rechts zu wahren"; es heißt:[136]

Nach allem war den Angeklagten auch bewußt, daß die durchzuführenden Standgerichtsverfahren nicht der Verwirklichung von Recht und Gerechtigkeit dienen sollten, sondern lediglich dazu bestimmt waren, für die auf anderem Wege schlecht durchführbare „Liquidierung" den entsprechenden formell rechtfertigenden Aktenvorgang zu schaffen.

Im Augsburger Urteil schließen sich nun längere Ausführungen zu allen möglichen Verfahrensfragen der Kriegsstrafrechtsverordnung an: zur Verteidigerbestellung und Protokollführung, zur notwendigen Stimmenmehrheit und geheimen Abstimmung bei der Urteilsfindung, zur schriftlichen Begründung und Bestätigung des Urteils durch den „Gerichtsherrn" usw. Abschließend nimmt das Urteil auch zum Vollzug der „Hinrichtung" Stellung: [137]

Schließlich sei erwähnt, daß die Art der Vollstreckung in Flossenbürg, die jedem menschlichen Empfinden Hohn spricht, die Vollstreckung von sich aus unzulässig zu machen geeignet ist; es ist jedoch nicht erwiesen, daß dieser Umstand den beiden Angeklagten vorher bekannt war.

Wieder die beklemmende Frage, woher die Richter in Augsburg dies wußten. Wer, wenn nicht Huppenkothen kann die Anweisung über die Art der Hinrichtung überbracht haben?

Das Urteil kommt zu dem Ergebnis, „der Haupttäter" habe sich des Mordes „aus niedrigem Beweggrund" schuldig gemacht. Aber damit ist nicht etwa Huppenkothen oder Thorbeck gemeint, sondern derjenige, der den Hinrichtungsbefehl erteilt hat – „mag es Hitler, Himmler oder Kaltenbrunner gewesen sein".[138] Die „Haupttäter" können freilich nicht mehr zur Verantwortung gezogen werden. Huppenkothen und Thorbeck werden vom Augsburger Gericht daher nur als „Gehilfen" angesehen, mit den entsprechend milderen Straffolgen.

Ebenso unbegreiflich wie diese Konstruktion sind die anschließenden Ausführungen des Gerichts zur Frage, ob sich die Angeklagten auf den Rechtfertigungsgrund des Notstands gemäß § 54 Strafgesetzbuch berufen können. Ein rechtswidriges Handeln bleibt danach straflos, wenn es „zur Rettung aus einer gegenwärtigen Gefahr für Leib und Leben begangen" ist. Zwar meint das Gericht, den Angeklagten könne die „Rechtswohltat" des § 54 Strafgesetzbuch nicht zugute kommen, weil sie sich dem Hinrichtungsbefehl „blind untergeordnet" hätten. Und dennoch – wieso prüfen die Richter überhaupt einen derartigen Rechtfertigungsgrund? „Rettung aus Leib- und Lebensgefahr"? Wer soll gerettet worden sein? Von wem? Solche Überlegungen sind eine nachträgliche Verhöhnung der Opfer.

In die gleiche, bittere Richtung weisen auch die Ausführungen des Gerichts zur Strafzumessung. Bei beiden Verurteilten bleibt das Urteil am unteren Rand des Strafrahmens. Es heißt am Ende:[139]

Strafschärfend wirkt weiterhin, daß die Angeklagten offenbar in keinem Falle etwas dazu unternahmen, daß die zum Tode Verurteilten noch Briefe an ihre Angehörigen schreiben konnten, daß sie geistlichen Beistand bekamen, Wohltaten, die ganz allgemein in einem solchen Falle gewährt werden. [. . .] Strafmildernd wirkt sich demgegenüber bei beiden Angeklagten aus, daß sie in verhältnismäßig jungen Jahren in Amtsstellungen gelangten, in denen ihr Schicksal mit dem der nationalsozialistischen Herrschaft auf das engste verbunden war, daß hierdurch der Blick für Recht und Unrecht in besonderem Maße getrübt wurde und daß sie in der Zeit unmittelbar vor Kriegsende wohl auf Grund der damaligen Kriegslage jede Zurückhaltung aufgaben. Beide Angeklagten waren auch, wie nicht zu widerlegen, von der großen Schuld überzeugt, die die vor ihnen stehenden Männer – nach ihrer Meinung – auf sich geladen hatten. Zu Gunsten des Angeklagten Dr. T(horbeck) spricht fernerhin, daß er – wie ebenfalls nicht zu widerlegen – als Vorsitzender in den Standgerichtsverfahren die äußeren Formen hinsichtlich ihres Mindestgehalts wahrte. Beiden Angeklagten ist auch zuzugeben, daß sie durch den ihnen gegebenen Befehl in eine recht unangenehme Lage versetzt worden waren; hierbei ist insbesondere dem Angeklagten Dr. T(horbeck) zugute zu halten, daß er bei seiner Ankunft in Flossenbürg plötzlich vor diese Situation gestellt war und dabei ihm der diensthöhere, im Reichssicherheitshauptamt tätige Angeklagte Huppenkothen gegenüberstand. Vor allem unter diesem Gesichtspunkt erscheint die Schuld des Angeklagten Dr. T(horbeck) erheblich geringer als die des Angeklagten Huppenkothen.

Beiden Angeklagten ist fernerhin zugute zu halten, daß sie nunmehr seit Jahren unter der seelischen Belastung dieses gegen sie laufenden Verfahrens (mit mehrmaliger Hauptverhandlung) stehen, daß ihre strafbaren Handlungen bereits erhebliche Zeit zurückliegen und selbst seit der letzten Verhandlung vor dem Schwurgericht München I rund 3 Jahre vergangen sind. Zu Gunsten der Angeklagten war weiter zu berücksichtigen, daß sie in gewissem Sinne bereits durch die langjährige Internierungshaft (Huppenkothen rund 4 Jahre, Dr. T(horbeck) mit Kriegsgefangenenschaft rund 3 Jahre) allgemein gebüßt haben. [. . .]

Unter Würdigung aller für die Strafzumessung bedeutsamen Umstände bestand keine Veranlassung, den beiden Angeklagten die bürgerlichen Ehrenrechte abzuerkennen.

Ob Thorbeck nach dieser Verurteilung überhaupt die Haft angetreten hat, ist unklar, denn beide Verurteilten legten gegen das Augsburger Urteil Revision ein. Huppenkothen kehrte nach Verbüßung seiner Haftstrafe – wahrscheinlich hat er nur zwei Drittel der Strafzeit verbüßt – ins bürgerliche Leben zurück. Das Augsburger Gericht hatte auch die erlittene Untersuchungshaft auf seine Gesamtstrafe angerechnet, so daß er nicht sehr lange in Haft geblieben sein dürfte. Ob auch er – wie Thorbeck – wieder einen juristischen Beruf ausgeübt hat, wissen wir nicht.

Thorbeck hat seine Kanzleigeschäfte als Rechtsanwalt in jenem Vorort von Nürnberg sehr bald wieder aufgenommen und bis kurz vor seinem Tode ausgeübt. Ob die „seelischen Belastungen" nach dem Abschluß des Verfahrens angedauert haben, wissen wir nicht. Daß Thorbeck aber seine „bürgerlichen Ehrenrechte" zu Lebzeiten extensiv aufgefaßt hat, illustriert ein Nachruf seiner Schwiegertochter. Sie veröffentlichte ihn 1993 in einer Gedenkschrift für den Friedhof Oberweihersbuch, auf dem Thorbeck 1976 beigesetzt wurde. Der Nachruf zitiert nicht nur Verse des 124. Psalms, sondern auch jenes letzte Gedicht von Dietrich Bonhoeffer, mit dem er seinen Angehörigen Silvester

1944 aus der Tegeler Haft Trost zugesprochen hatte: „Von guten Mächten wunderbar geborgen . . ."[140]

Das Augsburger Gericht steht mit seinem milden Urteil nicht allein. Im Gegenteil, in den Grundfragen – wie etwa der nach Täter- oder Gehilfenschaft – folgte es den Wegweisungen des Bundesgerichtshofs, der sich mehrfach mit dieser Frage im Zusammenhang mit NS-Untaten auseinandergesetzt hatte.[141] Daß es bei der glimpflichen Behandlung von Bonhoeffers Mördern bleiben konnte, entschied der Bundesgerichtshof dann in seinem Revisionsurteil vom 19. Juni 1956.

Die Revision war von Huppenkothen und Thorbeck auf die Tatsache gestützt worden, daß das Augsburger Gericht zwei Befangenheitsanträge der Verteidigung gegen den Vorsitzenden und einen Beisitzer abgelehnt hatte. Die Befangenheit des Vorsitzenden hatte die Verteidigung damit begründet, er habe den Angeklagten einmal gefragt: „Waren Sie sich darüber im klaren, daß die Anordnung dieses Standgerichts einem Liquidierungsbefehl gleichkam?" Aus dieser Frage schlußfolgerte die Verteidigung, der Vorsitzende sei bereits mit einem fertigen Urteil in den Prozeß gegangen. Den Beisitzer Dr. W. hatte die Verteidigung mit dem Argument abgelehnt, er sei „im nationalsozialistischen Staat aus rassischen und politischen Gründen verfolgt worden" und „hege einen fanatischen und abgrundtiefen Haß gegen den Nationalsozialismus".[142] Der Bundesgerichtshof hat diese Rügen im Ergebnis zwar als unbegründet zurückgewiesen; dennoch zeigt die Tatsache, daß derartige Rügen überhaupt erhoben werden konnten, das Klima, in dem sich damals Verfahren gegen NS-Verbrecher bereits wieder bewegten. In seiner Urteilsbegründung von 1956 erklärte der Bundesgerichtshof denn auch, die Angeklagten hätten Grund zur Ablehnung des Beisitzers nur dann gehabt, wenn er sich „als leidenschaftlicher, rachsüchtiger Feind des Nationalsozialismus und seiner Anhänger erwiesen hätte".

In der Zeit, in der dieses Urteil gesprochen wurde, war der Verteidiger Thorbecks, der Münchner Rechtsanwalt Seidl, der auch die Befangenheitsrüge begründet hatte, mittlerweile in Bayern Justizminister geworden.[143] Kurz zuvor noch hatte der bayerische Landesbischof Meiser die Teilnahme an einer Gedenkveranstaltung für Dietrich Bonhoeffer im KZ Flossenbürg demonstrativ abgelehnt, weil es sich bei Bonhoeffer um einen „politischen Widerständler" und nicht um einen „kirchlichen Märtyrer" handele.[144] Daß in einem solchen politischen Klima auch an den Bundesgerichtshof keine Richter berufen wurden, die „leidenschaftliche" oder gar „rachsüchtige" Feinde des Nationalsozialismus gewesen waren, liegt auf der Hand. Aber das Revisions-Urteil in Sachen Huppenkothen-Thorbeck geht noch weiter. Es hebt die Verurteilung Huppenkothens wegen des „Falles Sachsenhausen-Oranienburg" auf. Huppenkothen wurde insoweit endgültig und rechtskräftig „mangels Beweises" freigesprochen. Der Mord an Hans von Dohnanyi blieb damit endgültig ungesühnt.

Außerdem sprach der Bundesgerichtshof Thorbeck vom Vorwurf der Mordbeihilfe in den „Fällen Flossenbürg" endgültig und rechtskräftig frei – wiederum aus „Mangel an Beweisen". Aufrechterhalten blieb lediglich die Verurteilung Huppenkothens wegen der Morde in Flossenbürg. Aber auch hier reduzierte das Gericht die verhängte Zuchthausstrafe auf sechs Jahre – wiederum unter Anrechnung der bereits erlittenen Untersuchungshaft. In seiner Begründung der Freisprechung Thorbecks hat der Bundesgerichtshof Ausführungen gemacht, die den Grundsatz „in dubio pro reo" weit hinter sich lassen. Das selbstverständliche rechtsstaatliche Prinzip, daß jeder Angeklagte – auch Thorbeck und Huppenkothen – Anspruch darauf haben muß, bei Zweifeln über seine Schuld freigesprochen zu werden, wird vom Bundesgerichtshof zur Verharmlosung ihrer Taten mißbraucht. Noch gravierender sind die Überlegungen des Gerichts zur Rechtslage im NS-Staat. Sie lesen sich wie eine erneute Verurteilung der Verschwörer. Es heißt:[145]

Für die Frage, ob sich Dr. Thorbeck durch die Teilnahme als Vorsitzender an den Standgerichtsverhandlungen in Flossenbürg der Beihilfe zum Mord – oder sonst strafbarer Handlungen – schuldig gemacht hat, ist nicht entscheidend, wie sich die Ereignisse vom April 1945 nach heutiger Erkenntnis darstellen. Eine solche rückschauende Wertung würde dem Angeklagten nicht gerecht werden. Bei der Beurteilung der strafrechtlichen Schuld des Beschwerdeführers (Thorbeck) – nur über diese hat der Richter zu entscheiden – ist vielmehr ins Auge zu fassen, wie sich seine Aufgabe nach der Gesetzeslage und den sonstigen Gegebenheiten zur Tatzeit darstellte, mit der Unerbittlichkeit der damals geltenden Gesetze, denen er unterworfen war und gegen die die in Flossenbürg vor das Standgericht gestellten Widerstandskämpfer sich aufgelehnt hatten.

Ausgangspunkt dabei ist das Recht des Staates auf Selbstbehauptung. In einem Kampf um Sein oder Nichtsein[146] sind [. . .] bei allen Völkern von jeher strenge Gesetze zum Staatsschutze erlassen worden. Auch dem nationalsozialistischen Staate kann man nicht ohne weiteres das Recht absprechen, daß er solche Gesetze erlassen hat. Allerdings dienten sie nicht nur dem Schutze des deutschen Volkes und der deutschen Heimat, sondern in immer zunehmendem Maße zugleich der Aufrechterhaltung der Gewaltherrschaft der nationalsozialistischen Machthaber. In dieser schicksalhaften Verflechtung hat der ernste Gewissenswiderstreit seine Wurzel, in den die Widerstandskämpfer verstrickt waren. Sie sahen sich vor die Wahl gestellt zwischen ihrer Gehorsamspflicht und dem Unterworfensein unter die damals geltenden strengen Gesetze einerseits und zum anderen den edler Gesinnung entsprungenen, höheren Zielen dienenden, den Mut zur Selbstaufopferung erheischenden Bestrebungen, die Gewaltherrschaft Hitlers zu beseitigen. Stand schon der Widerstandskämpfer selbst bei einem solchen Widerstand vor schwerster sittlicher Entscheidung, so sieht sich der Richter, der heute darüber zu urteilen hat, inwieweit die Widerstandsbewegungen und -handlungen im Sinne des Strafrechts – unter dem Gesichtspunkt des übergesetzlichen Notstands – gerechtfertigt waren, vor eine Aufgabe gestellt, die die Grenzen dessen berührt, was mit den Mitteln irdischer Rechtsprechung entschieden werden kann.

Schon an dieser Stelle verschlägt es dem Leser die Sprache, weil er sich fragt, woher die Bundesrichter den Mut nehmen, die Zweifel über ihre Entscheidung mit dem Gewissenskonflikt der Widerstandskämpfer in einem Atem zu nennen. Ihre Berufung auf die „irdische Rechtsprechung" läßt aber noch Schlimmeres befürchten. Tatsächlich zeigen die anschließenden Argumente der Bundesrichter, daß sie von den ethischen Grundlagen der Widerstandskämpfer genauso weit entfernt sind wie Huppenkothen oder Thorbeck. Über die Richter, die Widerstandskämpfer unter das Fallbeil oder die Haken geschickt hatten, heißt es 1956 im Urteil des höchsten deutschen Strafgerichts:

Es ist kennzeichnend, daß die Verlautbarungen zum Recht des Widerstands, soweit sie aus ernst zu nehmenden Kreisen stammen und demgemäß Beachtung verdienen, mindestens in der Frage auseinandergehen, ob den Widerstandskämpfern das Recht zuzubilligen ist, um der Beseitigung der Gewaltherrschaft willen Menschenleben von Unschuldigen zu opfern, z. B. durch Mitteilung bevorstehender militärischer Unternehmungen an den Gegner. Soviel aber darf gesagt werden: Einem Richter, der damals einen Widerstandskämpfer wegen seiner Tätigkeit in der Widerstandsbewegung abzuurteilen hatte und ihn in einem einwandfreien Verfahren für überführt erachtete, kann heute im strafrechtlicher Hinsicht kein Vorwurf gemacht werden, wenn er angesichts seiner Unterworfenheit unter die damaligen Gesetze nicht der Frage nachging, ob dem Widerstandskämpfer etwa der Rechtfertigungsgrund des übergesetzlichen Notstands unter dem Gesichtspunkt eines höheren, den Strafdrohungen des staatlichen Gesetzes vorausliegenden Widerstandsrechts zur Seite stehe, sondern glaubte, ihn des Hoch- und Landesverrats, bzw. des Kriegsverrats (§ 57 Militärstrafgesetzbuch) schuldig erkennen und deswegen zum Tode verurteilen zu müssen.

Wer waren die Richter, die mit solchen Begründungen die Verbrechen der Nazi-Richter unter schwülstigen Reden begruben? Wie kommen sie dazu, von „schicksalhafter Verstrickung", von „Gewissen" und „Unerbittlichkeit" der Gesetze zu reden, wenn sie im gleichen Atemzug davon sprechen, die Widerstandskämpfer hätten sich „aufgelehnt"? Auflehnung? Das Wort bedeutet Rebellion, Aufruhr, und die Wortwahl enthüllt die Denkweise. Aber selbst diese nimmt nicht wunder, wenn man bedenkt, wer diese obersten deutschen Nachkriegsrichter gewesen sind und wie sie in ihre Ämter gelangt waren.

Es ist bekannt, daß in den sechziger Jahren etwa 80 Prozent der Bundesrichter ihre berufliche Karriere noch in der NS-Zeit begonnen hatten.[147] Aber wir wissen noch mehr über das Richterkollegium. Zwei der Richter, die das Revisions-Urteil in Sachen Huppenkothen-Thorbeck unterschrieben hatten, waren – wie sich nachträglich herausstellte – durch ihre frühere Tätigkeit selber als NS-Richter kompromittiert: Der Bundesrichter Ernst Mantel war in der Nazizeit Beisitzer am Sondergericht München. 1937 zum Oberkriegsgerichtsrat und später zum Oberstrichter in die Rechtsabteilung des Oberkommandos des Heeres berufen, setzte er seine Unterschrift unter anderem auch unter die Weitergabe des „Kommissarbefehls".[148] Nach dem Kriege, im Schörner-Prozeß (1957)[149], wurde er als Zeuge vernommen, mußte aber unvereidigt bleiben, weil er verdächtig war, selber an Standgerichtsurteilen mitgewirkt zu haben. Mantels Berufung auf die Grenzen der „irdischen Gerichtsbarkeit" gewinnt damit einen schrillen Klang.

Auch der Richter Ludwig Martin hatte sich bereits vor 1945 juristische Sporen erworben. Er war damals Reichsanwalt gewesen, das heißt Anklagevertreter in den obersten Rängen der NS-Verfolgungsbehörden. Seiner Nachkriegskarriere hat dies aber nicht geschadet. Nach seiner Tätigkeit als Bundesrichter stieg er 1963 zum Generalbundesanwalt auf. Über einen früheren Mitarbeiter bei der Reichsanwaltschaft sagte Martin später: „Vor allem konnte er seine Arbeit nach rein rechtlichen Maßstäben verrichten." [150] Genauso wird er dort auch seine eigene Tätigkeit gesehen haben.

Wenn also Thorbeck von diesen Richtern freigesprochen wurde, so bedeutete der Freispruch auch ein indirektes Urteil über ihre eigene Tätigkeit in der Nazizeit. Eine Verurteilung von NS-Richtern wäre nach den vom Bundesgerichtshof entwickelten Grundsätzen überhaupt nur dann möglich gewesen, wenn sie das NS-Recht selber mißachtet hätten. Nur dann wären sie – nach den Maximen des Bundesgerichtshofs – auch im Sinne der „irdischen Gerichtsbarkeit" verantwortlich gewesen.

Die weiteren Ausführungen des Bundesgerichtshofs in Sachen Huppenkothen-Thorbeck bewegen sich in so verworrenen Bahnen, daß sie mit gesundem Menschenverstand nicht mehr nachvollziehbar sind. Das Urteil verneint beispielsweise eine Schuld Thorbecks „auch nur in der Form des bedingten Vorsatzes" und erklärt eine „etwaige Verfolgung unter dem Gesichtspunkt der fahrlässigen Tötung" für als „insoweit verjährt".[151] „Bedingter Vorsatz" bedeutet im Juristendeutsch aber das billigende Inkaufnehmen einer strafbaren Rechtsfolge, und „Fahrlässigkeit" heißt ihre unbeabsichtigte Herbeiführung. Wollen die Karlsruher Richter sagen, Thorbeck habe mit seinem Todesurteil die Verurteilten „nicht bewußt" oder „unbeabsichtigt" unter die Haken in Flossenbürg geschickt? Rätselhaftes Wortgeklirr.

Daß der Bundesgerichtshof nicht auch noch Huppenkothen vollständig freigesprochen hat, erklärt sich daraus, daß dieser an der Hinrichtung teilgenommen hat, ohne die nach der Kriegsstrafrechtsverordnung zwingend vorgeschriebene Urteilsbestätigung durch den „Gerichtsherrn" eingeholt zu haben. Eine solche Begründung ist auch deshalb besonders makaber, weil das Gericht zuvor ja eine Täterschaft der Angeklagten mit dem Argument abgelehnt hatte, als Täter kämen nur die „Befehlsgeber" – Hitler, Himmler, Kaltenbrunner – in Betracht. Weil der Mord-„Gehilfe" also keine „Urteilsbestätigung" bei den Mördern eingeholt hat, wird er verurteilt. Man muß Jurist sein, um eine solche Argumentation auszuhecken, und man muß wohl auch selber etwas zu verbergen haben, wenn man sie allen Ernstes für einen anderen ehemaligen „Rechtswahrer" vertritt.

Schließlich erklärt der Bundesgerichtshof, die Teilnahme Huppenkothens an den Hinrichtungen sei – weil er „als bedeutender Vertreter einer obersten Behörde aufgetreten" sei – geeignet gewesen, diesen „den Schein der Rechtmäßigkeit zu verleihen"; dann fährt er fort:[152]

Das Fehlen der Urteilsbestätigung machte die Tötung der Widerstandskämpfer schlechthin rechtswidrig, mögen auch die Urteile gegebenenfalls nachträglich für vollstreckbar erklärt worden sein. Die Widerrechtlichkeit der Tötungen findet ihre Bestätigung in der den Gepflogenheiten in den Konzentrationslagern entsprechenden, mit den Geboten der Menschlichkeit völlig unvereinbaren Art, wie die Widerstandskämpfer ums Leben gebracht worden sind, nämlich durch Erhängen in völlig entkleidetem Zustand. Auch derjenige, der in schwerwiegender Weise gegen das Gesetz verstoßen und deshalb sein Leben verwirkt hat, hat grundsätzlich bis zum letzten Augenblick Anspruch auf Achtung des Menschenwertes und der Menschenwürde. Es kann hier unentschieden bleiben, ob unter diesen Umständen die Tötungen der Widerstandskämpfer selbst dann nicht als rechtmäßige

Hinrichtungen anzusehen wären, wenn der zuständige Gerichtsherr zuvor die Todesurteile bestätigt und ihre Vollstreckung angeordnet hätte.

Bei der Lektüre solcher Ausführungen wird der Leser immer unsicherer, ob sie vor oder nach 1945 formuliert worden sind. Jedenfalls hat es dem Bundesgerichtshof offenbar nicht ausgereicht, Thorbeck seines angeblich „guten Glaubens" wegen freizusprechen, er wollte darüber hinaus anscheinend auch Huppenkothen noch den Wink geben, daß das Abwarten der „zwingend vorgeschriebenen" Urteilsbestätigung und der Verzicht auf die „abstoßende" und „grauenerregende Weise" des Vollzugs der Urteile ihn vor einer Strafe bewahrt hätte.

Das Kamerateam des Bayerischen Rundfunks hat im Augsburger Gerichtssaal die trotzige Empörung Huppenkothens nach der Urteilsverkündung festgehalten. Die Lektüre des Revisionsurteils wird ihm die Zornesfalten auf der Stirn wohl geglättet haben. Was Dietrich Bonhoeffer einige Jahre zuvor in seiner Tegeler Gefängniszelle auf einen Zettel – das einzige Schreibmaterial, das ihm damals zur Verfügung stand – kritzelte, wird hinter diese Stirn nie gedrungen sein:[153]

Trennung von Menschen, von der Arbeit, von der Vergangenheit, von der Zukunft, von der Ehe, von Gott ... Ungeduld ... Sehnsucht ... Langeweile ... krank – tief einsam ... Selbstmord, nicht aus Schuldbewußtsein, sondern weil ich im Grunde schon tot bin. Schlußstrich ... Überwindung im Gebet.

Huppenkothen vor der Richterbank des Augsburger Schwurgerichts während der Vernehmung zur Person

„. . . Oberregierungsrat und SS-Standartenführer, Leiter der Abteilung IV im Reichssicherheitshauptamt, zuständig für ‚Gegnererforschung und -bekämpfung' . . .“

„Herr Vorsitzender, ich wünsche das nicht!"

Huppenkothen protestiert gegen das Aufnahmeteam des Bayerischen Rundfunks, neben ihm auf der Anklagebank Dr. Thorbeck.

„Er kann bei der Hinrichtung dabei gewesen sein, er kann auch nicht dabei gewesen sein ..."

Zeugenvernehmung des Rapportführers Geißberger, Gegenüberstellung mit Huppenkothen, im Hintergrund rechts der Vertreter der Augsburger Staatsanwaltschaft

Frage an den Zeugen: *„Wissen Sie das so sicher, daß da ein Genickbruch eingetreten ist? Die Frage ist doch für einen Arzt nicht uninteressant."*

Der Lagerarzt Dr. Fischer als Zeuge vor dem Augsburger Schwurgericht

Vernehmung des Zeugen Oberst Hans Lunding, Chef des dänischen Geheimdienstes und Zellennachbar von Admiral Canaris in Flossen-bürg. Der Zeuge erklärt mit Klopfen auf die Zeugenbank, wie er sich mit Canaris verständigt hat.

Huppenkothen, lächelnd, während sein Verteidiger Freispruch beantragt, vor dem Augsburger Schwurgericht

*„Jeder der Angeklagten habe ausreichend Gelegenheit gehabt, sich zu
verteidigen, jedem sei das letzte Wort gewährt worden." (aus den Urteilsgründen)*

Huppenkothen nach der Urteilsverkündung in Augsburg

„Nach allem war den Angeklagten auch bewußt, daß die durchzuführenden Standgerichtsverfahren nicht der Verwirklichung von Recht und Gerechtigkeit dienen sollten, sondern lediglich dazu bestimmt waren, für die auf anderem Wege schlecht durchführbare ‚Liquidierung' den entsprechenden formell rechtfertigenden Aktenvorgang zu schaffen." (aus den Urteilsgründen)

Dr. Thorbeck beim Einsteigen in den Gefangenentransportwagen nach der Urteilsverkündung in Augsburg

„Für ihn als SS-Führer (sei) jede weitere Erörterung überflüssig gewesen, da ein Befehl Hitlers nach seiner damaligen Haltung unumschränkte Geltung beanspruchen mußte." (aus den Urteilsgründen)

Die Wachen

Die meisten der für das nationalsozialistische Terrorsystem Verantwortlichen haben in den Nachkriegsjahren weder Reue oder innere Umkehr gezeigt, noch sind sie für ihre Verbrechen bestraft worden. Tragisch ist, daß es oft nur die „kleinsten Fische" waren, die unmittelbar nach der Befreiung der Lager für ihre Taten zahlen mußten, nicht aber die ungezählten Schreibtisch-Täter, die das KZ-Universum organisiert, aufgebaut und am Funktionieren gehalten hatten. Sie waren oft nicht greifbar – entweder „abgetaucht" und verschwunden oder ihre Verantwortlichkeit wurde erst spät – oft für eine Verurteilung zu spät – ermittelt. Die dann eingeleiteten Verfahren lösten sich vor den Schranken verständnisvoller Richter immer wieder in nichts auf: Tragisch-komische juristische Farcen, die sich wie auch bei Huppenkothen und Thorbeck über Jahre hinzogen, bis schließlich die Verjährung einen stillen Mantel über die Geschehnisse breitete.

Aber es sind doch sehr viele gewesen, die einen Anteil daran hatten, Dietrich Bonhoeffer und seine Mitverschworenen auf die Stiege unter den Haken zu schicken. Es waren nicht nur die Richter, die SS-Leute, die Lagerärzte und Lagerkommandanten, die ihren Teil beigetragen haben – es waren genauso auch Dutzende von einfachen Leuten: Wachmannschaften, Verwaltungsangestellte, kleine Amtsträger. Von ihnen allen wissen wir nichts. Höchstens, daß die SS-Kommandos, die die Hinrichtungen vollzogen, eine Sonderration „Schnaps und Blutwurst" erhielten.[154] Bestraft wurden sie für den Vollzug der Hinrichtungen nicht.[155]

Wer also waren diese Menschen? Haben sie wenigstens erfahren, mit wem sie es zu tun gehabt hatten? Gab es Umkehr? Reue? Es muß doch eine große Zahl von Wachmannschaften gewesen sein, die nach dem „Zusammenbruch" hörten, wen sie da bewacht hatten. Die Wachleute auf den Türmen, die Wachleute im Eingangs- und im Kommandanturbereich, die Wachleute im Arrestbau. Irgend jemand von ihnen muß doch auch mit Maria von Wedemeyer gesprochen haben, der Braut von Dietrich Bonhoeffer, die achtzehnjährig und allein mit einem Koffer voll warmer Kleidung von Lager zu Lager irrte, die letzten sieben Kilometer nach Flossenbürg mit dem schweren Koffer zu Fuß, um nach ihrem Verlobten zu suchen.[156] Hat sie damals denn niemand gesehen? Irgend jemand muß doch mit ihr gesprochen, irgend jemand muß sie am Lagereingang von Flossenbürg und von Buchenwald zurückgewiesen haben. Haben die, die sie damals fortschickten, später begriffen, wen sie suchte?

Es ist ein seltenes Bilddokument erhalten, die Aufnahme einer amerikanischen Fotografin, Lee Miller, die – mit den alliierten Verbänden nach Deutschland vorrückend – unmittelbar nach der Befreiung in Buchenwald, der vorletzten Station von Bonhoeffer, gewesen ist und dort auch fotografiert hat. Lee Miller berichtet von ihrem Besuch im Lager, sie habe auch zwei entwaffnete und von den befreiten Gefangenen verhaftete Wachsoldaten in einer Zelle gesehen. Die beiden hätten sich jedesmal, wenn die Zellentüre aufgeschlossen wurde, auf die Knie geworfen und mit erhobenen Händen um ihr Leben gefleht. Waren diese beiden Dietrich Bonhoeffer begegnet? Hat er mit ihnen gesprochen? Haben sie verstanden, daß er auf dem Weg „zum Tod auf steilem Berge" war?

Anmerkungen

1 Zitiert in: Eberhard Bethge, Dietrich Bonhoeffer. Eine Biographie, 7. Aufl. München 1989, S. 1038; das Zitat wurde sehr oft wiedergegeben, vgl. etwa: Edwin H. Robertson, Dietrich Bonhoeffer, Leben und Verkündigung, mit einer Einführung von Renate Bethge, Göttingen 1989, S. 325.

2 Wilhelm Canaris (1887–1945), Admiral, als Chef des militärischen Geheimdienstes im Februar 1944 seines Amtes enthoben und nach dem 20. Juli 1944 verhaftet.

3 Hans Oster (1888–1945), General, Stabschef der militärischen Abwehr im Oberkommando der Wehrmacht (OKW); er hatte seinerzeit die Niederlande und Norwegen von den jeweils bevorstehenden Angriffen der deutschen Wehrmacht in Kenntnis gesetzt. Am 21. Juli 1944 verhaftet.

4 Georg Thomas (1890–1946), Generalmajor, Chef des Wehrwirtschafts- und Rüstungsstabes im OKW, war 1938–1940 an den Vorbereitungen eines Militärputsches gegen Hitler beteiligt. – Fischers Erinnerung geht hier fehl; Thomas überlebte den Krieg. Der fünfte der in Flossenbürg hingerichteten Männer aus dem Widerstand war Ludwig Gehre (s. Anm. 9)

5 Dr. Karl Sack, Reichskriegsgerichtsrat, seit 1942 Chef der Heeresrechtsabteilung im OKW; Mitglied der Widerstandsgruppe im Amt Ausland/Abwehr.

6 Vgl. Toni Siegert, Das KZ Flossenbürg, Ein Lager für sogenannte Asoziale und Kriminelle, in; Martin Broszat, Elke Fröhlich (Hsg.), Bayern in der NS-Zeit, Bd. II Herrschaft und Gesellschaft im Konflikt, München /Wien 1979, S. 435 ff., 481.

7 Vgl. Siegert, S. 477, 478.

8 Urteil des Landgerichts Augsburg vom 15. 10. 1955, 1 Ks 21/50, abgedruckt in: Christiaan Frederik Rüter u. a. (Hsg.), Justiz und NS-Verbrechen. Sammlung deutscher Strafurteile wegen nationalsozialistischer Tötungsverbrechen 1945–1966, Amsterdam 1975, Bd. XIII, S. 299. Über die Rütersche Sammlung vgl. die Bemerkungen von Günter Spendel, Rechtsbeugung durch Rechtsprechung. Sechs strafrechtliche Studien, Berlin/New York 1984, S. 89 ff.; Spendel hebt dort hervor: „Es ist schon äußerst beschämend

und beklagenswert, daß solch ein aus juristischen wie historischen Gründen gleich notwendiges und bedeutendes Unternehmen nicht in Deutschland von deutschen Juristen in Angriff genommen worden ist, sondern im Ausland."

9 Ludwig Gehre, Hauptmann im Amt Ausland/Abwehr des OKW, enger Mitarbeiter Hans Osters, konnte nach dem 20. Juli 1944 zunächst noch untertauchen.

10 LG Augsburg, a. a. O., S. 296.

11 Urteil des LG Weiden vom 29. 5. 1956 gegen Dr. Fischer, abgedruckt in: Rüter, a. a. O., S. 743 ff.

12 Hierzu Siegert, S. 483 ff.

13 LG Augsburg, a. a. O., S. 313.

14 Siegert, S. 484.

15 LG Weiden, a. a. O., S. 746.

16 a. a. O., S. 745 ff.

17 LG Augsburg, a. a. O., S. 313/314.

18 LG Augsburg, a. a. O., S. 314.

19 In einem weiteren Prozeß wurde Fischer allerdings ein Jahr später vom Landgericht Weiden zu drei Jahren Gefängnis wegen Mordbeihilfe an unheilbar Kranken verurteilt; das Urteil enthält ausführliche Erörterungen zur Biographie und zur Persönlichkeit Fischers, vgl. Rüter, S. 743 ff.

20 Die Anonymisierung in Rüters Sammlung ist auf eine Anweisung des Gerichts bei der Freigabe des Urteils zur Veröffentlichung zurückzuführen. Die Anonymisierung soll die Persönlichkeitsrechte der Verurteilten wahren, deren Schutz freilich auch NS-Täter genießen müssen.

21 LG Augsburg, a. a. O., S. 290.

22 a. a. O., S. 302 ff.

23 a. a. O., S: 304.

24 a. a. O., S. 305.

25 a. a. O., S. 305.

26 § 169 Gerichtsverfassungsgesetz in der Fassung von 1963: „Die Verhandlung vor dem erkennenden Gericht einschließlich der Verkündung der Urteile und Beschlüsse ist öffentlich. Ton- und Fernseh-Rundfunkaufnahmen sowie Ton- und Filmaufnahmen zum Zwecke der öffentlichen Vorführung oder Veröffentlichung ihres Inhalts sind unzulässig."

27 Der Film ist über die Landesbildstelle Baden-Württemberg (Rastatter Str. 25, 76199 Karlsruhe) auch als Video zu entleihen. Vgl. zum Film auch: Helmut Kramer, Filme zur NS-Justiz: in: Kritische Justiz 1984, S. 305 f.

28 Helmuth James Graf von Moltke, Letzte Briefe aus dem Gefängnis Tegel 1945, 13. Aufl. Berlin 1981, S. 9.

29 Eine knappe Schilderung der Zusammenhänge in: LG Augsburg, a. a. O., S. 291 ff.

30 Zit. nach Josef Ackermann, Vorwort zu: Sabine Leibholz-Bonhoeffer, Vergangen, erlebt, überwunden. Schicksal der Familie Bonhoeffer, Gütersloh 1976, S. 11. Sabine Leibholz ist die Zwillingsschwester von Dietrich Bonhoeffer.

31 Sein Sohn Klaus von Dohnanyi, der frühere Hamburger Bürgermeister, hat in einem Begleitwort zu einem eindrucksvollen Buch, in dem die Rolle von

Dohnanyis gewürdigt wird, (Winfried Meyer, Unternehmen Sieben. Eine Rettungsaktion für vom Holocaust Bedrohte aus dem Amt Ausland/Abwehr im Oberkommando der Wehrmacht, Frankfurt Main 1993, S. XII) u. a. geschrieben: „Der Mut, von dem dieses Buch erzählt, ist nicht vererblich. Die Leiden bleiben zwischen den Zeilen verborgen. Die Geschichte ist vergangen, nur ihre Wahrheit bleibt. An ihr können wir uns nicht wärmen. Aber wir sollten versuchen, sie zu erinnern."

32 Vgl. LG Augsburg, a. a. O., S. 289.

33 Vgl. Adalbert Rückerl, NS-Verbrechen vor Gericht. Versuch einer Vergangenheitsbewältigung, Heidelberg 1984, S. 35 ff.

34 Arthur Seyß-Inquart (1892–1945), Reichsminister ohne Geschäftsbereich und Reichskommissar für die besetzten niederländischen Gebiete; in Nürnberg als Hauptkriegsverbrecher hingerichtet.

35 Odilo Globocznik (1903–1945), SS-Gruppenführer und Generalleutnant der Polizei in Lublin/Polen und als solcher mitverantwortlich für die Errichtung der Vernichtungslager Belzec, Sobibor und Treblinka, und für die sog. „Aktion Reinhard", in deren Verlauf über 1,7 Millionen Juden ermordet wurden; ab 1943 in Italien als höherer SS- und Polizeiführer der Operationszone Adriatisches Küstenland zuständig für „Bandenbekämpfung"; nach seiner Verhaftung im Mai 1945 Tod durch Selbstmord.

36 Karl Adolf Eichmann (1906–1962), seit 1939 Leiter des „Judenreferats" im Reichssicherheitshauptamt; während des Krieges mit der Deportation der Juden aus den besetzten Gebieten in die Vernichtungslager beauftragt. Nach dem Krieg in Argentinien untergetaucht, wurde er vom israelischen Geheimdienst aufgespürt und nach Israel verbracht; dort 1962 nach einem Prozeß mit umfangreicher Beweisaufnahme zum Tode verurteilt und hingerichtet.

37 Teilnehmerliste an der sog. „Aussiedlungskonferenz" vom 30. Januar 1940 in: Robert M. W. Kempner, SS im Kreuzverhör, München 1964, S. 204. Kempner hat im Nürnberger Prozeß gegen die Hauptkriegsverbrecher die Anklage vertreten.

38 Eine detaillierte Schilderung der Entdeckung der Verschwörung in: Meyer, S. 336 ff.

39 Eine detaillierte Schilderung der Ereignisse, die zur Auflösung des Amts Ausland/Abwehr im OKW führten, wiederum bei Meyer, S. 441 ff.

40 Sonderegger, Franz Xaver, Kriminalkommissar und Gestapo-Beamter, Sachbearbeiter im Referat IV E 6 des Reichssicherheitshauptamts (Spionageabwehr Süd); sein direkter Dienstvorgesetzter war Huppenkothen. – Sonderegger wurde 1949 durch das Spruchgericht Bergedorf wegen der Mitgliedschaft in einer verbrecherischen Organisation zu sieben Jahren Straflager verurteilt (Beleg bei Elisabeth Chowaniec. Der Fall Dohnanyi 1943–1945. Widerstand, Militärjustiz, SS-Willkür, in: Schriftenreihe der Vierteljahrshefte für Zeitgeschichte, Bd. 62, München 1991, S. 158, Anm. 1), die er freilich nicht abgesessen hat.

42 LG Augsburg, a. a. O., S. 228.

43 Der Bundesgerichtshof hat im „Staschynskij-Urteil" (BGHSt 18,87) unter Berufung auf eine ältere Rechtsprechung des Reichsgerichts („Badewan-

nen-Fall" RGSt 74,84) entschieden, daß als „Täter" nicht in Frage komme, wer die „Tat nicht als eigene will" und in „fremdem Interesse begeht". Zur juristischen Abwegigkeit dieser Konstruktion von „Beihilfe" vgl. die Kritik von Spendel, S. 94–96, der sie als „schon im Ansatz verfehlt" bezeichnet, da sie die „Dinge auf den Kopf stelle". Richter seien nicht als „Gehilfen" (der Staatsführung), sondern als Täter anzusehen; nur dies entspreche der Stellung des Richters und der Bedeutung der Rechtsprechung. Auch der Ankläger komme nicht als „Gehilfe", sondern als Anstifter zum Mord in Betracht. Das gleiche gelte auch für die eigentlichen Urheber des Verfahrens, die die Befehle gegeben hatten, Hitler und Kaltenbrunner. Der Anstifter aber wird – im Gegensatz zu den Gehilfen – nicht milder, sondern genauso wie ein Täter bestraft; er kann sogar als indirekter Haupttäter auch strenger als der unmittelbar handelnde Täter bestraft werden.

44 Die Arbeiten von Jörg Friedrich (Freispruch für die Nazi-Justiz, Reinbek 1986 und ders., Die kalte Amnestie. NS-Täter in der Bundesrepublik, 2. Aufl. München 1994) und Ingo Müller (Furchtbare Juristen. Die unbewältigte Vergangenheit der deutschen Justiz, München 1986) enthalten hierzu zahlreiche Belege.

45 Hitler wußte, als er seine Unterschrift unter die Verleihungsurkunde setzte, freilich nicht, daß bei dem 1938, also ein Jahr vor Kriegsbeginn, geplanten Umsturz Professor Karl Bonhoeffer ihm als psychiatrischer Gutachter gegenübergesessen hätte. Wenn es nach den Plänen der Verschwörer gegangen wäre, hätte Bonhoeffer damals ein Gutachten über Hitlers Geisteskrankheit erstattet. Beleg bei: Elisabeth Chowaniec, a. a. O., S. 15 mit Anm. 24.

46 von Hase war ein Mitverschworener des 20. Juli und hat später die Befehle zur Beseitigung der NS-Diktatur in der Reichshauptstadt erteilt. Er wurde am 8. August zum Tode verurteilt und am gleichen Tag in Plötzensee hingerichtet, vgl. Dietrich Bonhoeffer. Sein Leben in Bildern und Texten, hsg. von Eberhard Bethge, Renate Bethge, Christian Gremmels, München 1986, S. 218 (im folgenden zit. als Bonhoeffer-Bilder).

47 von Hase hat seinen Neffen einmal demonstrativ in Tegel besucht. Bonhoeffer benutzte seine Sonderstellung in Tegel immer wieder zugunsten von Mitgefangenen; so verfaßte er Memoranden über die Haft- und Alarmverhältnisse, die für den Gefängnisdirektor bzw. für seinen Onkel bestimmt waren, er formulierte Beschwerden für Mitgefangene, vermittelte für ihre Verteidiger psychiatrische Gutachten durch seinen Vater, beschaffte Geld, half nach Bombenangriffen als Sanitäter, schrieb zu Weihnachten Gebete, die der Gefängnisgeistliche verteilte, etc. (vgl. Eberhard Bethge, Dietrich Bonhoeffer. Mit Selbstzeugnissen und Bilddokumenten, 13. Aufl. Reinbek 1993, künftig zit. als: Bildmonographie, S. 105). Seine privilegierte Stellung im Gefängnis belastete Dietrich Bonhoeffer; er schrieb später in einem Kassiber an Eberhard Bethge: „Nach 12 Tagen wurden im Hause meine verwandtschaftlichen Verhältnisse bekannt. Es war für mich persönlich zwar sehr erleichternd, aber objektiv beschämend, wie sich von diesem Augenblick an alles veränderte. Ich wurde in eine geräumigere Zelle gelegt, diese wurde mir täglich durch einen Fourier ge-

reinigt, es wurden mir beim Essenausteilen größere Rationen angeboten, was ich stets ablehnte, da die nur auf Kosten der Mitgefangenen gegangen wären, der Hauptmann holte mich zum täglichen Spaziergang ab, was zur Folge hatte, daß mich das Personal mit ausgesuchter Höflichkeit behandelte, mehrere kamen sich sogar entschuldigen, sie hätten ja nicht gewußt etc. . . . peinlich!" Und drei Wochen vor dem Putschversuch: „Onkel Paul (von Hase) war da, ließ mich sofort herunterrufen und blieb – Maetz und Maass (Gefängniskommandanten) waren dabei – über 5 Stunden! Dabei ließ er 4 Flaschen Sekt auffahren, was in den Annalen dieses Hauses wohl einmalig ist." (Dietrich Bonhoeffer, Widerstand und Ergebung, Neuausgabe, München 1979, S. 375).

48 Dietrich Bonhoeffer, Gesammelte Schriften, hsg. Eberhard Bethge, Bd. VI, München 1974, S. 616, 620.

49 Eine detaillierte Schilderung der Ereignisse bei: Elisabeth Chowaniec, a. a. O., S. 120 ff.

50 Christine von Dohnanyi, Zu den Zossener Akten, Aufzeichnungen von 1945/46, zit. in Bethge, S. 1096 ff.

51 Vgl. Elisabeth Chowaniec, a. a. O., S. 12.

52 Christine von Dohnanyi, a. a. O., S. 1098.

53 Manfred Roeder, Oberkriegsgerichtsrat; er war in der ersten Phase der Ermittlungen am Reichskriegsgericht mit der Untersuchung des Falles beauftragt. Über Roeder schrieb Oster nach seiner ersten Vernehmung in einem Kassiber: „Junger, überheblicher, krankhaft ehrgeiziger, triebhaft hemmungsloser, phantasiereicher Kriminalist neuester Prägung mit den zugehörigen, angeberhaft stechenden Augen, der verstandesmäßig seiner Meinung nach erkannte Kombinationen als Tatsachen im Sinne seines Zieles und seines erhofften Erfolges sieht, der sich selbst und sein Können als verwöhnter Günstling prominenter Personen weit überschätzt und die Dinge so sieht, wie er sie sehen will. In der Wahl seiner Mittel und Methoden ist er hemmungslos. Man könnte ihn als Sadisten bezeichnen. Ihm zur Seite steht ein subalterner Kriminalbeamter – wahrscheinlich aus dem SD – (Sonderegger) mit schielenden Augen, der einem nicht in die Augen sehen kann." (Beleg bei Meyer, S. 385, Anm. 285, dort auf S. 389 auch Fotos von Roeder und Sonderegger). – Auch Roeder ist nach dem Krieg weitgehend unbehelligt geblieben; ein Ermittlungsverfahren der Staatsanwaltschaft Lüneburg wegen seiner Rolle bei der Vernichtung der „Roten Kapelle" – 90 Todesurteile – wurde in den fünfziger Jahren eingestellt; zu diesem Themenkomplex bereitet Helmut Kramer eine Dokumentation vor; vgl. zu Roeder außerdem Chowaniec, a. a. O., S. 36, Anm. 28, 42, 58 ff, 98 ff.

54 Justus Delbrück, Sohn des Historikers Hans Delbrück und Jugendfreund von Dohnanyis; von diesem als „Sonderführer" und enger Mitarbeiter ins Amt Ausland/Abwehr geholt.

55 Friedrich Justus Perels (1910–1945) evangelischer Jurist, Justitiar der Bekennenden Kirche, bemühte sich um Verfolgte des Regimes. Er war gemeinsam mit Dietrich Bonhoeffer an den Planungen für ein „Sofortprogramm nach dem Umsturz" beteiligt und wurde im Zusammenhang mit dem 20. Juli 1944 verhaftet, zum Tode verurteilt und in den letzten Kriegstagen ermordet.

56 Ludwig Beck (1880–1944), Generaloberst, bekämpfte erfolglos als Chef des Generalstabes Hitlers Kriegspläne; 1938 von seinem Amt zurückgetreten; von der Widerstandsgruppe als Reichsverweser des von Hitler befreiten Deutschen Reichs vorgesehen; am 20. Juli 1944 nach vergeblichem Versuch der Selbsttötung durch einen Unteroffizier erschossen.

57 Christine von Dohnanyi, a. a. O., S. 1099 ff.

58 Sitz des Reichssicherheitshauptamts mit „Hausgefängnis", in dem von Dohnanyi und auch Dietrich Bonhoeffer zeitweilig festgehalten wurden.

59 Dr. Tietze, Chefarzt des Berliner Polizeikrankenhauses

60 Heinrich Himmler, Reichsführer SS und Chef der deutschen Polizei

61 Zu dem behaupteten Verrat als Teil der Zermürbungsstrategie bei den Vernehmungen vgl. Elisabeth Chowaniec, a. a. O., S. 105 ff.

62 Belegt bei Elisabeth Chowaniec, a. a. O., S. 111/112 mit Anm. 67.

63 Es handelt sich um den berüchtigten Gestapo-Kommissar Stawitzky, vgl. Elisabeth Chowaniec, a. a. O., S. 110.

64 Belegt bei Elisabeth Chowaniec, a. a. O., S. 110 mit Anm. 59.

65 Belegt bei Elisabeth Chowaniec, a. a. O., S. 111 mit Anm. 64.

66 Belegt bei Elisabeth Chowaniec, a. a. O., S. 111 mit Anm. 65.

67 Belegt bei Elisabeth Chowaniec, a. a. O., S. 111 f. mit Anm. 67.

68 Prof. Dr. Jörg Zutt, damals Assistent, später Nachfolger von Karl Bonhoeffer in der Berliner Charité, schließlich Leiter der Universitätsnervenklinik in Frankfurt am Main. Damals behandelnder Arzt von Dohnanyi.

69 Belegt bei Elisabeth Chowaniec, a. a. O., S. 112/113 mit Anm. 68.

70 Vgl. zu den Hintergründen auch Bethge, a. a. O., S. 1013.

71 Belegt bei Elisabeth Chowaniec, a. a. O., S. 107, mit Anm. 35.

72 Bethge, a. a. O., S. 1008.

73 Hier machte sich die Tatsache bemerkbar, daß Tegel kein Gestapo-, sondern ein Militärgefängnis war; der Wachdienst wurde dort überwiegend von altgedienten, frontuntauglichen Soldaten versehen (vgl. Bildmonographie, S. 90).

74 Knobloch ist während des sowjetischen Sturms auf Berlin verschollen, vgl. Bethge, a. a. O., S. 929, 951.

75 Faksimile in: Bonhoeffer-Bilder, S. 221.

76 Dietrich Bonhoeffer, Ethik, 12. Auflage, München 1988, S. 121 f.

77 Ebd.

78 Heinrich Müller, genannt „Gestapo-Müller" (1900–1945), seit 1934 im Reichssicherheitshauptamt, Chef der Abteilung IV „Gegnerabwehr".

79 LG Augsburg, a. a. O., S. 294.

80 Ernst Kaltenbrunner (1903–1946), Rechtsanwalt, seit 1932 Chef der österreichischen SS, nach dem „Anschluß" in Wien Staatssekretär für „öffentliche Sicherheit", seit 1943 Nachfolger Heydrichs und Chef des Reichssicherheitshauptamts in Berlin; in Nürnberg 1946 als Hauptkriegsverbrecher zum Tode verurteilt und hingerichtet.

81 Das eigentliche Motiv für diese „Gründlichkeit" wird hier offenbar nicht erkannt: Die Ermittler im Reichssicherheitshauptamt erwarteten sich von den Aussagen von Canaris, Oster und Dohnanyi vor allem Aufschlüsse über deren nachrichtendienstlich getarnte Kontakte zu den Alliierten, die der außenpolitischen Absicherung des Staatsstreichs dienen sollten; hiervon er-

hoffte die NS-Führung, daß sie entweder in einem Schauprozeß nach Kriegsende den „Verrätern im militärischen Nachrichtendienst" die Verantwortung für die Niederlage anlasten oder aber daß sie die von den „Verrätern" genutzten Kanäle in letzter Minute für eigene Angebote eines Separatfriedens mit den Westmächten nutzen könne, vgl. Elisabeth Chowaniec, a.a.O., S. 130.

82 Gemeint ist Sonderegger vom Reichssicherheitshauptamt; er wurde, um die ständige Unterrichtung der Gestapo sicherzustellen, als Assistent dem Oberstkriegsgerichtsrat Roeder beigeordnet. Sonderegger war es auch, der bei der Verhaftung Dohnanyis durch seine Aufmerksamkeit anläßlich des berüchtigten „Zettelzwischenfalls" die Verhaftung Osters ermöglichte: Er hatte beobachtet, wie Oster in einem unbeobachteten Moment versuchte, drei Zettel verschwinden zu lassen (vgl. hierzu Chowaniec, a.a.O., S. 44ff.). – Über Sonderegger schreibt Elisabeth Chowaniec (S. 108): „Sonderegger, mit dem Dohnanyi häufiger zu tun hatte als mit Huppenkothen, galt . . . als einer der übelsten Gestapo-Beamten in der Prinz-Albrecht-Straße. Daran, daß er selbst Gefangene mißhandelte, kann es wenig Zweifel geben. Dohnanyi allerdings war er offensichtlich vergleichsweise gewogen, wie Christine von Dohnanyi später schrieb: ‚Ich glaube, daß Sonderegger ein im Grunde stark links gerichteter Mann war, der mit wirklichem Haß eigentlich nur die sogenannten Reaktionäre verfolgte. Mein Mann muß in dem berechtigten Ruf gestanden haben, aus diesem Lager nicht zu kommen. Vielleicht erklärt sich zu einem Teil dadurch das gewisse persönliche Wohlwollen, das Sonderegger uns bewies. Er hat sich auch mir und anderen gegenüber geäußert: man habe Respekt vor der Haltung meines Mannes.'" – Dohnanyi selbst hat Sonderegger in einem Kassiber vom 25. 2. 1945 wie folgt charakterisiert: „Er liebt es, wenn man den Gentleman in ihm betont und ist nicht ohne Herz, aber verschlagen" (zit. in Bethge, a.a.O., S. 1008 mit Anm. 14). Tatsächlich verschaffte er Bonhoeffer und Dohnanyi „hier und da" Erleichterungen, wie beispielsweise Bücher und Schreibpapier (Bethge, a.a.O., S. 1017).

83 LG Augsburg, a.a.O., S. 295.

84 Dr. Klaus Bonhoeffer, Chefsyndicus der Deutschen Lufthansa, seit Dietrichs Verhaftung verstärkt im Widerstand tätig und am 1. Oktober 1944 verhaftet.

85 Bethge, a.a.O., S. 1022ff.

86 Dr. Rüdiger Schleicher, Schwager von Dietrich Bonhoeffer, Ministerialrat im Verkehrsministerium, Honorarprofessor an der Berliner Universität, ebenfalls im Widerstand tätig und am 3. Oktober 1944 verhaftet. Seine Tochter Renate ist die Ehefrau von Eberhard Bethge.

87 s.o. Fußnote 55; Perels war zwei Tage nach Schleicher, am 5. Oktober 1944, verhaftet worden.

88 Dr. Hans John, Assistent von Rüdiger Schleicher und wissenschaftlicher Hilfsarbeiter am Institut für Luftrecht der Berliner Universität; im Zuge der Ermittlungen nach dem 20. Juli 1944 verhaftet und hingerichtet. Seinem ebenfalls im Widerstand tätigen Bruder Otto John, einem engen Mitarbeiter von Klaus Bonhoeffer, gelang in letzter Sekunde die Flucht nach Spanien; er hatte im Einvernehmen mit Stauffenberg versucht, Verbindung zum

Hauptquartier der Alliierten herzustellen, und war zu diesem Zweck nach Madrid gereist.

89 In den benachbarten Häusern Marienburger Allee 42 und 43 wohnten die Familien Schleicher und Bonhoeffer.

90 zit. in: Bonhoeffer-Bilder, S. 225.

91 Bethge, a. a. O., S. 1039/1040.

92 Albrecht Haushofer (1903–1945), Sohn von Karl H., des Begründers der Geopolitik, Professor für Geographie in Berlin und Mitarbeiter seines Vaters; nach dem 20. Juli wegen seiner Verbindungen zum Widerstand verhaftet. Die posthum veröffentlichten „Moabiter Sonette" sind während der Haft entstanden.

93 Bethge, a. a. O., S. 1034, Anm. 50 unter Berufung auf Gerd Buchheit, Der deutsche Geheimdienst. Geschichte der militärischen Abwehr, München 1966, S. 445.

94 Über Tietzes Rettungsversuche vgl. seinen Bericht, belegt in: Elisabeth Chowaniec, S. 113 mit Anm. 70 und 71

95 LG Augsburg, a. a. O, S. 306/307.

96 Belegt bei Elisabeth Chowaniec, a. a. O., S. 133 mit Anm. 182, 183.

97 LG Augsburg, a. a. O, S. 296.

98 LG Augsburg, a. a. O., S. 300.

99 Otto Somann, Oberst der Polizei und SS-Oberführer; im Münchner Verfahren als Zeuge vernommen.

100 Beleg bei Elisabeth Chowaniec, a. a. O., S. 137 mit Anm. 207.

101 Beleg bei Elisabeth Chowaniec, a. a. O., S. 137.

102 LG Augsburg, a. a. O., S. 300.

102 Belege bei Elisabeth Chowaniec, a. a. O., S. 134 mit Anm. 191.

104 Belege bei Elisabeth Chowaniec, a. a. O., S. 135 mit Anm. 193, 195.

105 Beleg bei Elisabeth Chowaniec, a. a. O., S. 136 mit Anm. 200.

106 Vgl. die im Laufe des Verfahrens von seinen Verteidigern eingereichten Schutzschriften, die im wesentlichen aus Dohnanyis Feder stammen, in: Elisabeth Chowaniec, a. a. O., S. 194 ff.

107 Bundesgerichtshof Urteil vom 12. 2. 1952 (1 StR 658/51), in: Rüter a. a. O., S. 329.

108 LG Augsburg, a. a. O., S. 309.

109 Es handelt sich um die Sekretärin Huppenkothens, die sich dieser zur Durchführung des Verfahrens aus Berlin mitgebracht hatte.

110 LG Augsburg, a. a. O., S. 309.

111 Kempner, a. a. O., S. 269.

112 Beleg bei Elisabeth Chowaniec, a. a. O., S. 138 mit Anm. 213.

113 LG Augsburg, a. a. O., S. 299.

114 Bethge, a. a. O., S. 1033 ff.

115 Hermann Pünder (1888–1961), Zentrumspolitiker; 1926–32 Chef der Reichskanzlei; nach dem 20. Juli 1944 in verschiedenen Konzentrationslagern inhaftiert; 1945 Mitbegründer der CDU und Nachfolger Adenauers als Oberbürgermeister von Köln.

116 Wasiliew Kokorin, Fliegeroffizier, Neffe des sowjetischen Außenministers Molotow.

117 Payne Best, englischer Geheimdienst-Offizier, im Bunker des KZ Buchenwald mit Dietrich Bonhoeffer eingesperrt; Bonhoeffer freundete sich mit ihm während dieser Zeit an; vgl. Bethge, a. a. O., S. 1026. ff.

118 Bethge, a. a. O., S. 1036 ff.

119 Fabian von Schlabrendorff (1907–1980), Ordonnanzoffizier im Stabe von Tresckows; unternahm mit diesem erfolglose Bombenattentate gegen Hitler; nach dem 20. Juli 1944 in Haft. Nach dem Krieg Richter am Bundesverfassungsgericht.

120 Dr. Josef Müller (1898–1979), Rechtsanwalt, Zentrumspolitiker, Berater kirchlicher Kreise; in dieser Eigenschaft Kontakte zum Vatikan und dort Sondierungen für die Widerstandsbewegung; trotz Freispruchs in einem Hochverratsprozeß (März 1944) auch später noch ständig in Gestapo-Haft; in Flossenbürg befreit; nach dem Krieg Mitbegründer der CSU, stellvertretender bayerischer Ministerpräsident und bayerischer Justizminister.

121 Franz Liedig, Korvettenkapitän, in der Abwehr tätig und seit 1938 aktiv an Putschplanungen beteiligt, vgl. Bethge, a. a. O., S. 1025.

122 Hugh Falconer, englischer Offizier, Mitgefangener im Bunker des KZ Buchenwald, vgl. Bethge, a. a. O., S. 1026.

123 Plutarch (griech. Philosoph), Große Männer; eine eindrucksvolle Liste mit der Haftlektüre von Dietrich Bonhoeffer in: Bethge, a. a. O., S. 1053–1055.

124 Carl-Friedrich Goerdeler (1884–1945), Jurist, Oberbürgermeister von Leipzig, von der Widerstandbewegung als Reichskanzler vorgesehen; nach dem 20. Juli 1944 aufgrund einer Denunziation verhaftet, zum Tode verurteilt und hingerichtet. Seine Söhne waren wegen der von den Nazis praktizierten Sippenhaft ebenso wie andere Familienangehörige festgesetzt worden.

125 George K. A. Bell (1883–1958), Bishop of Chichester. Dietrich Bonhoeffer hatte ihn 1932 auf einer ökumenischen Tagung in Genf kennen gelernt; hieraus war 1933/34, während Bonhoeffers Aufenthalt in London, eine tiefe Freundschaft und Verbundenheit entstanden. Im Mai 1939 hatte Bonhoeffer Bell nochmals in London getroffen und das von ihm ins Leben gerufene „Komitee für ‚nichtarische‘ Christen" besucht. Der Bischof war später dann die wichtigste Kontaktperson für die Widerstandsgruppe im Amt Ausland/Abwehr, denn er sollte bei der englischen Regierung die Friedensbedingungen nach der Beseitigung Hitlers erkunden. Bei seiner Reise nach Schweden im Mai 1942 überbrachte Dietrich Bonhoeffer Bell die Bitte an die englische Regierung, daß „im Falle des geplanten Umsturzes dieser Augenblick nicht zum Zuschlagen benutzt werde, sondern daß der neuen Regierung eine Frist zur inneren Bereinigung gegeben werden sollte"; Bell konnte – trotz Kontaktaufnahme mit dem englischen Außenminister Sir Anthony Eden – keine positive Antwort nach Deutschland übermitteln. Später, als dann die Nachricht von Dietrich Bonhoeffers Tod nach London gedrungen war, zelebrierte Bell in London den eingangs erwähnten Gedenkgottesdienst für Bonhoeffer (vgl. Bonhoeffer-Bilder, S. 184).

126 Auch das zweite Urteil des Bundesgerichtshofs vom 9. 11. 1954 (1 StR 350/53) – mit diesem Urteil wurde die zweite Freisprechung Huppenkothens durch das Münchner Schwurgericht aufgehoben und die Sache zu erneuter Verhandlung an das Schwurgericht in Augsburg verwiesen – läßt die

Frage eines regulären Standgerichtsverfahrens offen, vgl. Rüter, Bd. XIII, S. 340.

127 LG Augsburg, a. a. O., S. 301.

128 LG Augsburg, a. a. O., S. 311.

129 Es muß heißen: „in 5 Kolonnen zu je 5 Buchstaben"; im Dokumentarfilm des Bayerischen Rundfunks wird die Aussage L(unding)s vollständig wiedergegeben und insofern leichter verständlich als in der Urteilsniederschrift: „Einmal Klopfen für Reihe 1, dreimal Klopfen für dritten Buchstaben in Reihe 1 – dreimal Klopfen für Reihe 3, zweimal Klopfen für zweite Buchstaben in Reihe 3 – usw."

130 Die Sicherheitsgefangenen waren in Flossenbürg mit Eisenketten an die Wand angeschlossen.

131 LG Augsburg, a. a. O., S. 315.

132 LG Augsburg, a. a. O., S. 315.

133 Joachim Perels, Die schrittweise Rechtfertigung der NS-Justiz. Der Huppenkothen-Prozeß, in: Festschrift für Otwin Massing, Baden-Baden 1994 (im Erscheinen). Joachim Perels ist der Sohn des im Ulap-Gelände ermordeten Friedrich Justus Perels, s. o. Anm. 55.

134 LG Augsburg, a. a. O., S. 316.

135 Auf der gleichen Ebene einer sozusagen inner-nationalsozialistischen Rechtsargumentation bewegt sich auch streckenweise die Arbeit von Elisabeth Chowaniec; sie macht den – allerdings auch von ihr selbst nicht als „unproblematisch" bezeichneten – „Versuch, die Rechtskonformität der Vorgehensweise der NS-Justiz zwar an ihren eigenen Grundsätzen, aber mit dem Instrumentarium einer rechtsstaatlichen Justiz zu messen" (S. 8). Dies führt dazu, daß sie seitenlang und schulmäßig die Tatbestandsmerkmale des Hoch- und des Landesverrats durchprüft und sich fragt, ob sie juristisch korrekt angewendet worden seien (S. 76 ff., 138 ff. u. ö.). Eine solche Vorgehensweise wird vielleicht sogar der damaligen Verteidigungsstrategie von Dohnanyis angemessen sein – er war ja Jurist und hatte selber im berühmten Kommentar zum Reichsstrafgesetzbuch von Frank die Delikte des Hoch- und Landesverrats (§§ 80 ff. RStGB) bearbeitet (Chowaniec, a. a. O., S. 151); dennoch geraten bei einer derartigen rein juristischen Argumentation die ethischen Dimensionen des Themas immer wieder aus den Fugen – so z. B. dann, wenn Elisabeth Chowaniec prüft, ob das in Sachsenhausen tagende „sogenannte Standgericht" ein „reguläres Gericht im Sinne der Kriegsstrafrechtsverordnung" gewesen sei, das „von allen Beteiligten aufgrund der Vorgabe des Nichtjuristen Hitler nur falsch benannt worden" sei (S. 138), oder wenn sie zu dem Ergebnis kommt, die Todesstrafe gegen von Dohnanyi sei – „folge man der pervertierten Logik der NS-Justiz" – „gut begründbar" gewesen (S. 155). Ebenso befremdlich sind Elisabeth Chowaniecs Überlegungen zur Frage, ob die Voraussetzungen des strafbefreienden Rücktritts vom nicht beendeten Versuch gegeben seien; sie schreibt: „Da es sich um die Mitwirkung mehrerer Täter handelte, war für die Annahme dieser Vergünstigung (des strafbefreienden Rücktritts) auch das Merkmal der ‚Verhinderung' des hochverräterischen Unternehmens zu erfüllen. Ein Teilnehmer sollte entweder die anderen Beteiligten zur völligen Preisgabe

des hochverräterischen Plans bewegen oder ihnen dessen Ausführung durch eine Anzeige bei der Behörde unmöglich machen". (S.150) – Ist nicht bereits das Anstellen solcher juristischen Überlegungen beleidigend für die Ermordeten? Darf man sich bei der Darstellung des Falles überhaupt auf das „Rechtsdenken" der Mörder einlassen? Und wenn ja, mit welchem Ziel und welchen Grenzen? Diese Grenzen scheinen mir jedenfalls dann überschritten, wenn der Versuch gemacht wird, die Morde als juristisch schlüssig darzustellen. So eindrucksvoll mir die Arbeit von Elisabeth Chowaniec insgesamt erscheint, so wenig nachvollziehbar ist sie mir in diesem Punkt. Der groteske Gipfel jenes immanenten Argumentierens wird erreicht, wo Elisabeth Chowaniec die Frage der Vollstreckbarkeit des Urteils juristisch prüft; sie schreibt: „Von der Vollstreckung der Todesstrafe ausgenommen wurden gemäß § 103 Kriegsstrafverfahrensordnung nur Schwangere und Geisteskranke. Da von Dohnanyi möglicherweise bewußtlos war, ist auch hier noch einmal fraglich, ob er nicht in analoger Anwendung, einem Geisteskranken ähnlich, von der Vollstreckung hätte ausgenommen werden müssen. War das nicht der Fall und wurde das gegen von Dohnanyi ergangene Urteil wirklich bestätigt, so wurde die Vollstreckung nach den Vorstellungen des Dritten Reiches ‚rechtmäßig' vollzogen." (S. 156).

136 LG Augsburg, a. a. O., S. 316, 317.
137 LG Augsburg, a. a. O., S. 319.
138 LG Augsburg, a. a. O., S. 320/321.
139 LG Augsburg, a. a. O., S. 322/323.
140 Ich danke Hans Schlicht (Nürnberg) für die Übersendung dieses Dokuments, das folgenden Wortlaut hat: *„Wäre der Herr nicht bei uns, wenn Menschen wider uns aufstehen . . ."* Dr. Otto Thorbeck, 26. 8.1912 geboren in Brieg/Niederschlesien, aufgewachsen in einer preußischen Offiziersfamilie – 1932 Abitur in Spandau – Studium der Rechtswissenschaft, Corpsstudent im Jungstahlhelm, später Mitglied der SS, Gerichtsreferendar – 1939 bis 1945 Kriegsdienst als Offizier und Richter, zuletzt Chefrichter der SS und des Polizeigerichts München I. In dieser Eigenschaft hatte er den Befehl erhalten, den Vorsitz bei einem Standgericht im April 1945 in Flossenbürg zu übernehmen. *„. . . so verschlängen sie uns lebendig, wenn ihr Zorn über uns entbrennt . . ."* 1948 Entlassung aus Internierungslager – 1950 Niederlassung als Rechtsanwalt in Stein – 1945 bis 1948 in mehreren Prozessen wegen seiner Urteile angeklagt – vom Strafsenat des Bundesgerichtshofs freigesprochen – bis Dezember 1975 Rechtsanwalt in Stein – gestorben am 10. 10 1976. *„. . . unsere Seele ist entronnen wie ein Vogel dem Netze des Vogelfängers. Das Netz ist zerrissen, und wir sind frei."* Die Akten des Richters, des Angeklagten, des Rechtsanwalts Otto Thorbeck sind nichtig geworden wie auch die Urteile, die gefällt wurden. Nichtig geworden sind sie durch den Tod und die Gnade, die wir von „Höchster Instanz" erhoffen. „Von guten Mächten wunderbar geborgen . . ." weiß ich sein Leben. Es sind die gleichen Arme, in die der Richter und die von ihm Verurteilten gefallen sind. Darauf vertraue ich. Hanna Thorbeck"
141 Diese Rechtsprechung ist in den letzten Jahren mehrfach kritisch erörtert worden. Vgl. die bereits zitierten Arbeiten von Perels (1994) und Spendel

(1984). Ausführlich zur juristischen Kritik der Huppenkothen-Thorbeck-Urteile: Spendel, S. 98–103; Perels schildert in Ziff. III ausführlich den justizpolitischen Frontenwechsel des Bundesgerichtshofs von seiner ersten Revisionsentscheidung (gegen das erste Münchner Urteil) bis hin zur schließlichen Freisprechung bzw. Teilfreisprechung im dritten Revisionsurteil (gegen das Augsburger Urteil). Perels (Ziff. VI) weist auch darauf hin, daß das BGH-Urteil nicht in der amtlichen Sammlung veröffentlicht und damit „gegen potentielle Kritik immunisiert" worden sei. Gleichzeitig sei es aber „systematisch als Bezugsgrundlage" für die untergerichtliche Rechtsprechung zur NS-Justiz verwendet worden.

142 Bundesgerichtshof (1 StR 50/56), abgedruckt in: Rüter, Bd. XIII, S. 344 ff.

143 Vgl. Helmut Kramer, Filme zur NS-Justiz, in: *Kritische Justiz* 1984, S. 305.

144 Vgl. Renate Wind, Dem Rad in die Speichen fallen. Die Lebensgeschichte des Dietrich Bonhoeffer, 5. Aufl. Weinheim und Basel 1993, S. 125.

145 Bundesgerichtshof, a. a. O., S. 352.

146 Die Floskel vom „Kampf um Sein oder Nichtsein" ist auch von der Goebbelsschen Propaganda immer wieder mißbraucht worden, um den „Durchhaltewillen" bis zum „Endsieg" zu stärken.

147 Vgl. Johannes Feest, Die Bundesrichter: in W. Zapf (Hsg.), Beiträge zur Analyse der deutschen Oberschicht. München 1965, S. 104.

148 Geheimbefehl, die politischen Kommissare der Roten Armee nach ihrer Gefangennahme von den übrigen sowjetischen Kriegsgefangenen abzusondern und – zwecks „Vernichtung einer Weltanschauung" – unauffällig zu liquidieren, vgl. Christian Streit, Keine Kameraden. Die Wehrmacht und die sowjetischen Kriegsgefangenen 1941–1945, Neuausgabe, Bonn 1991 (1. Aufl. Stuttgart 1978), S. 44 ff.

149 Ferdinand Schörner, 1892–1973, Generalfeldmarschall, Vertrauter Hitlers, in dessen Testament zum Oberbefehlshaber des Heeres ernannt; von den Amerikanern an die UdSSR ausgeliefert und von dieser 1955 in die Bundesrepublik entlassen. Wegen seiner brutalen Maßnahmen, mit denen er die wankenden Fronten im Osten zu halten versuchte, 1957 vor Gericht gestellt und der Ermordung deutscher Soldaten durch Standgerichte an der Ostfront angeklagt; wegen Totschlags zu viereinhalb Jahren Gefängnis verurteilt, aber bereits 1960 wegen Haftunfähigkeit entlassen.

150 Belege bei: Helmut Kramer. Im Namen des Volkes. Vermummte Justiz, in: Margret Fabricius-Brand u. a. (Hsg.), Rechtspolitik mit „aufrechtem Gang". Festschrift für Werner Holtfort zum 70. Geburtstag, Baden Baden 1990, S. 112, Anm. 11.

151 Bundesgerichtshof, a. a. O., S. 355.

152 Bundesgerichtshof, a. a. O., S. 356.

153 Faksimile in: Bonhoeffer-Bilder, S. 207.

154 Fabian von Schlabrendorff, Mit Dietrich Bonhoeffer im Gefängnis Prinz-Albrecht-Straße, in: Begegnung mit Bonhoeffer. Ein Almanach. München 1964, S. 169.

155 Zur Kritik der juristischen Folgenlosigkeit dieser Taten vgl. Spendel, S. 94.
156 Brautbriefe Zelle 92. Dietrich Bonhoeffer Maria von Wedemeyer 1943–1945, Hsg. Ruth Alice von Bismarck und Ulrich Kabitz. Mit einem Nachwort von Eberhard Bethge, München 1993, S. VII ff. Die Herausgeberin ist die Schwester der 1987 verstorbenen Maria von Wedemeyer.

Bildnachweis

S. 11 Eberhard Bethge (Hg), Dietrich Bonhoeffer – Bilder aus seinem Leben, München 1987, S. 203; *S. 12* Ebd., S. 204; *S. 13 Ebd.*, S. 205; Copyright © für diese drei Abbildungen Chr. Kaiser/Gütersloher Verlagshaus, Gütersloh; *S. 14* Bundesarchiv/Bildarchiv, Koblenz; *S. 15* Landesbildstelle Berlin; *S. 16* Institut für Zeitgeschichte, München; *S. 17* Winfried Meyer; *S. 18 und 20* N. Leonhard; *S. 19* Sammlung Eberhard Bethge, Wachtberg-Villiprott; *S. 21 und 23* AG ehem. KZ Flossenbürg e.V.; *S. 22 und 24* Pilgrim Press, D. Gilbert, Philadelphia und Boston, *S. 25* Lee Miller Archives, Chiddingly (GB); *S. 26* Eberhard Bethge (Hg.), a. a. O., S. 224 unten, Copyright © Chr. Kaiser/Gütersloher Verlagshaus, Gütersloh.

Seite 101–108 Diese Abbildungen wurden dem vom Bayerischen Rundfunk erstellten und über die Landesbildstelle Baden-Würtemberg ausleihbaren Dokumentarfilm „Der Prozeß Huppenkothen" entnommen, der im Oktober 1955 während des Verfahrens vor dem Schwurgericht bei dem Landgericht Augsburg gedreht wurde. Sie werden hier erstmals veröffentlicht.

Der Autor

Christoph U. Schminck-Gustavus, geboren 1942, ist Hochschullehrer für Rechts- und Sozialgeschichte an der Universität Bremen. Seine in mehreren Sprachen erschienenen Arbeiten dokumentieren die unerzählte Geschichte der namenlosen Opfer des Nationalsozialismus und des Zweiten Weltkriegs in Einzelschicksalen. Bei Dietz Nachfolger sind erschienen: *Das Heimweh des Walerjan Wróbel. Ein Sondergerichtsverfahren 1941/42* (1986, unter dem gleichen Titel 1991 verfilmt) und *Die schönsten Jahre. Chronik einer Liebe 1943–1945* (1991).

Inhalt

Die Deutsche Bibliothek – CIP-Einheitsaufnahme

Schminck-Gustavus, Christoph U.:
Der "Prozeß" gegen Dietrich Bonhoeffer und die Freilassung
seiner Mörder / Christoph U. Schminck-Gustavus. –
Bonn : Dietz, 1995
(Dietz-Taschenbuch ; 67)
ISBN 3-8012-3067-8
NE: GT